R O W O H L T
B E R L I N

Reinhard Ulbrich

Spur der Broiler

Wir und unser goldener Osten

Rowohlt · Berlin

1. Auflage Januar 1998
Copyright © 1998 by
Rowohlt · Berlin Verlag GmbH, Berlin
Alle Rechte vorbehalten
Umschlaggestaltung Walter Hellmann
(Foto: A. Kämper, Berlin)
Satz aus der Plantin Postscript PageOne
Gesamtherstellung Clausen & Bosse, Leck
Printed in Germany
ISBN 3 871 34 327 7

Inhalt

Die fortschrittliche Menschheit und ich

Die erste Versammlung meines Lebens wäre beinahe schiefgegangen. Daran war aber nicht ich, sondern meine Mutter schuld. Sie hatte Planrückstände und brachte mich einfach nicht pünktlich zur Welt. Von wegen *Meine Hand für mein Produkt!* Schon seit einer Woche war mein festgelegter Liefertermin, der 5. März 1953, überschritten, und ich fühlte mich allmählich, als ob ich da draußen irgendwas Wichtiges schwänzte.

Wie diese Versammlung. Sie mußte hochbedeutsam sein, denn es war schon tagelang vorher davon die Rede.

«Einfach fehlen kann man da nicht», erklärte zum Beispiel eine männliche Stimme, die ich als Anhänger geordneter Familienverhältnisse meinem Vater zuschrieb.

«Nein, wenn es um IHN geht, nicht», erwiderte meine Mutter und strich sich über den Bauch. «Also komme ich auch mit.»

Um IHN? schoß es mir derweil drinnen im Bauch durch den Kopf. Da ging es um MICH, und sie überlegten allen Ernstes, ob sie überhaupt hingehen sollten? Vielleicht verpaßte ich noch meine eigene Geburt. Na, bloß gut, daß es gleich darauf anfing zu schaukeln. Wir waren also doch auf dem richtigen Weg.

Er führte uns in einen Raum, der ziemlich groß sein mußte, denn man hörte dort unzählige Stimmen, die sich in gedämpftem Ton miteinander unterhielten. Ich fühlte mich sehr geehrt, daß so viele gekommen waren, wo es doch um MICH ging, und nahm mir vor, vielleicht später mit dem einen oder anderen nähere Bekanntschaft zu schließen. Leider setzte sich meine Mutter sofort nach unserem Eintreffen auf einen hölzernen Stuhl, der so entsetzlich knarrte, daß ich den Wortlaut der Gespräche um mich herum nicht recht mitbekam. Nur einmal trat jemand näher an unseren Bauch heran und sagte mit Grabesstimme von oben herab: «Ach, das ist ja schön, liebe Kollegin, daß du auch gekommen bist.»

Du liebe Güte, in was für eine moderne Welt war ich denn hier geraten, wenn nicht mal mehr die Mütter zur Geburt gebraucht wurden?

«Ja, bei diesem Anlaß war es mir einfach ein Bedürfnis», erwiderte die meine.

Da war ich aber sehr beruhigt! Doch bevor es mir noch gelang, mein Mißfallen zum Ausdruck zu bringen, setzte Musik ein. Gleichzeitig hörten die Gespräche auf, und nur mein mutmaßlicher Vater flüsterte noch: «Unsterbliche Opfer.» Das sollte wohl der Titel des Musikstücks sein. Normalerweise hätte man ja mißtrauisch werden können: Erst hieß es, ich sei ein freudiges Ereignis, und dann so was. Aber die meinten es wahrscheinlich anders. Bevor was Neues angeschafft wurde, gedachten sie anstandshalber noch mal der alten Kameraden, und danach würde es bestimmt gleich losgehen mit meiner öffentlichen Licht-der-Welt-Erblickung. Ich streckte mich schon mal ein bißchen zur Übung, und meine Mutter fing an, rhythmisch zu stöhnen – alles genau so, wie wir es in der Schwangerenberatung gelernt hatten.

Gerade waren wir richtig in Fahrt gekommen, da hörte die Musik schon wieder auf. Die wußten aber auch nicht, was sie wollten. Mutters letzter Stöhner ging ohne Begleitung hinaus in den Saal. Das Publikum verstand ihn wohl als Aufforderung, denn rings um uns herum begann ein großes Stühleschurren. Ich nahm an, daß sie jetzt alle aufstanden, um MICH besser sehen zu können, aber das war ein Irrtum, denn auch meine Mutter hievte sich und mich mit viel Mühe hoch. Kaum waren wir oben, setzten sich alle schon wieder.

Mir wurde ein bißchen schlecht, wie damals vor sechs Monaten, als wir *Laurentia* getanzt hatten. Ging das jetzt noch mal los? Nein, irgendwo vorne raschelte Papier und jemand räusperte sich. Ach so, sie hatten einen Erklärer bestellt oder einen Entbinder, der noch mal schnell die Gebrauchsanweisung durchsah.

«Genossen, Kollegen und Freunde!» begann der Mann düster. «Die fortschrittliche Menschheit ...» Seine Stimme setzte aus, und er mußte sich schneuzen.

Na ja, vielleicht erkältet. Aber sonst hörte es sich doch vielversprechend an: Freunde und fortschrittliche Menschen warteten auf mich.

«... die fortschrittliche Menschheit hat einen schweren Verlust erlitten. Unser größter Freund weilt nicht mehr unter den Lebenden.»

Was ist los? Nun mal sachte. Hier bin ich doch! Ich komme gleich!

«Die gesamte friedliebende Welt trauert um ihn. In den Maschinenhallen gedenken die Arbeiter seiner und in den Kohlegruben die Kumpel.»

Das kann doch nicht wahr sein, meine Kumpel beweinen mich schon, bevor sie mich überhaupt zu sehen bekommen haben!

«Wir erinnern uns in Dankbarkeit an eine der überragendsten Persönlichkeiten unseres Jahrhunderts, ja der Geschichte überhaupt.»

Mann, was ist denn das für eine blöde Geschichte, die schon zu Ende ist, ehe sie anfängt? Hallo, ihr Persönlichkeiten da draußen, ich bin doch da! Jedenfalls so gut wie.

«Ewiger Ruhm gebührt diesem Mann, den die Werktätigen der ganzen Welt als leuchtendes Vorbild liebten und verehrten. Die Lücke, die er in unseren Reihen hinterläßt ...», der Entbinder mußte schlucken, «... ist tief und schmerzlich.» Wie auf Kommando schnieften und heulten sämtliche Anwesenden los.

Kein Grund zur Panik, Leute, wollte ich ihnen zurufen, euer geliebtes Vorbild lebt. Aber als ich den Mund öffnete, schwappte Fruchtwasser herein, und außer ein paar gurgelnden Geräuschen brachte ich nichts zustande. Selbst meine Mutter nahm davon keine Notiz. Es war ein Skandal. Und es kam noch schlimmer.

«Wir erheben uns nun zu einer Minute des feierlichen Gedenkens», verlangte der Erklärer. Gehorsam schurrten daraufhin wieder die Stühle, bloß unser eigener bewegte sich kein bißchen.

«Ich kann nicht», sagte meine Mutter nur leise und blieb sitzen.

Das war zuviel! Meine Weltpremiere wollte ich mir auf diese Weise nicht nehmen lassen. So hatten wir nicht gewettet. Wutentbrannt stieß ich mich mit beiden Füßen ab und flog hinaus ins Freie.

Die Gedenkminute wurde durch mein Erscheinen schlagartig beendet. Auch die Trauer der Versammlungsteilnehmer war wie weggeblasen, denn sie rannten jetzt ganz aufgeregt durcheinander. Handtücher wurden herbeigeschleppt, in einem Feuerlöscheimer dampfte heißes Wasser, und ich selbst fand mich in eine Decke gewickelt auf dem Präsidiumstisch wieder. Na bitte, dort gehörte ich ja wohl auch hin. Erwartungsvoll blickten mich mehrere Dutzend Menschen an. Sie waren sehr festlich gekleidet, wie es sich für den heutigen Tag gehörte. Ich überlegte, ob ich ihnen vielleicht etwas Passendes sagen könnte. *Liebe fortschrittliche Menschheit,* wollte ich gerade beginnen, als mir einfiel, daß ich ja erst noch sprechen lernen mußte. Deshalb ballte ich nur kurz die rechte Hand zur Faust, um sie zu grüßen. Es wurde ein Triumph. Die fortschrittliche Menschheit fing an zu lächeln und grüßte zurück.

«Keine Frage, das muß er sein, so wie der winkt», sagte sogar jemand, «der neue Mensch.»

Die anderen prusteten los, und erst eine energische Stimme hinter meinem Präsidiumstisch ließ wieder Ruhe einkehren. Sie gehörte dem Entbinder. «Kollegen, bitte etwas mehr Respekt. Wir trauern um den Generalissimus.» Er deutete über einen Riesenhaufen von Kränzen hinweg auf ein großes Foto an der Wand. Ein uniformierter Mann mit Schnauzer blickte von dort auf uns herunter. Mit mir hatte er keinerlei Ähnlichkeit; es mußte also doch um jemand anders gehen.

Allerdings erfuhr ich nicht mehr, in wessen Beweinung ich gerade niedergekommen war, denn man entfernte mich jetzt gemeinsam mit meiner Mutter auf einer Luftschutzbahre aus dem Saal. Trotzdem blieb ich guter Dinge, schließlich hatte ich es mit eigenen Ohren gehört: Ich war der neue Mensch.

Leider hatte sich der neue Mensch eine ganz altmodische Erkältung geholt, und als sie auch nach mehreren Wochen nicht besser wurde, schleppten mich meine Erziehungsberechtigten zum *staatlichen Kinderarzt*, einem Hünen vom Typ guter Onkel. Ich aber erkannte den Weißkittel sofort als jenen heimtückischen Unhold, der er in Wirklichkeit war. Hinter seiner liebenswürdigen Grimasse verbarg sich das nackte Grauen.

Und richtig, statt des gewohnten Lebertranlöffels rammte mir der Töterich einen Holzspachtel in den Rachen und versuchte gleichzeitig, meine Erzeuger mit ein paar Tipversuchen aus dem Medizinerlotto abzulenken: Fiebrigemandelentzündungbißchendurchfallundleichtgerötetesmittelohrnadaswirdschonwieder. Als ich danach leichtsinnigerweise glaubte, dem Sensenmann noch mal eben entronnen zu sein, kam es Doktor Meuchel in den finsteren Sinn, nach einem Ding namens Impfausweis zu fragen. Impfausweis? Jawoll, wie sich herausstellte, besaß jedes Kind von Geburt an so ein gelbliches Heft, das nun, zu meinem blanken Entsetzen, meine eigene Mutter, die ich bis dahin für eine vertrauenswürdige Person gehalten hatte, hervorzog. Flugs öffnete der Kinderquäler die erste Seite und pochte auf den *Impfkalender*. Herrje, die Welt war offenbar nicht nur nach den vier Jahreszeiten geordnet, sondern auch noch nach viel schrecklicheren Naturereignissen, die Poliomyelitis- und Tuberkulose-Immunisierung hießen. Oder Diphtherie-Wiederholungsimpfung, wie in meinem Fall, wo sie noch fehlte. Der Staat hatte wirklich an alles gedacht; hier kam keiner ungeschoren davon. Ich hatte ja schon viel von den Vorzügen des sozialistischen Gesundheitswesens gehört, das reichte mir. Auf Erfahrungen am eigenen Leib war ich gar nicht erpicht. Doch da hatte der Impfmörder schon seine Spritze gezückt. Ihre Nadel war so lang, daß man sie auch zur Betäubung von Elefanten im Zirkus Barlay hätte einsetzen können. Ich brüllte, daß die Sprechstundenhilfe im Vorzimmer vor Schreck die Knochensäge fallen ließ, und wurde trotzdem zu Boden gestochen, glatt durchbohrt, vollkommen ausgelaugt, Luft weg und Blut raus. So ein hoffnungsvolles Leben als Nachwuchskader und schon hin!

Nachbarn und andere Organe

Na ja, mit Mühe und Not überlebte ich doch. Aber mir war klar, daß ich in Zukunft Verbündete brauchen würde, wie sie zum Beispiel im Nachbarhaus wohnten. Meine bisherige Lebenserfahrung hatte gezeigt, daß der einzelne für sich genommen doch nicht so das Gelbe vom Ei war. Man merkte es unter anderem daran, daß einem allein schnell langweilig werden konnte. Gemeinsam langweilte es sich dagegen viel besser. Wenn ich meinen weltanschaulich vorgebildeten Vater richtig verstanden hatte, deckte sich dies auch mit der Meinung eines gewissen Herrn Josef Wissarionowitsch. Der war von Beruf *moderner Klassiker* und mußte sich folglich auskennen. Meine Initiative stand also unter der schöpferischen Losung *Die Langeweile kommt und geht, aber die Vereinigung besteht!* Bis es zur Vereinigung kam, mußte ich allerdings das Treiben auf unserem Nachbargrundstück erst mal genauer observieren. Mit jedem wollte ich mich nun auch nicht zusammentun. Tierarzt Fitzenkötter und seine Söhne hatte ich zum Beispiel stark in Verdacht, bürgerliche Elemente zu sein. Diese Leute besaßen – so ziemlich als einzige von hier bis zur Oder-Neiße-Friedensgrenze – ein Auto. Es war zwar ein Wagen der Marke *Moskwitsch*, aber Fitzenkötters hatten mit der Sowjetmacht nicht allzuviel am Hut. «Na ja, woher auch», deutete mein Vater nur düster an, «gestern noch Blockwart und heute schon Blockfreund.»

Ich wußte zwar nicht, was das hieß, aber solche Gesellschaft kam für mich nicht in Frage. Die Befreiung der Menschheit von der Langeweile war eher aus den unteren Klassen und Schichten zu erwarten. Zu diesen schien ein Junge zu gehören, der ähnlich wie ich auf der anderen Seite des Gartenzauns Grenzdienst versah. Im Verlaufe einer eindringlichen Befragung nach seinen Personalien gab er an, *Lausi* zu heißen. Die Existenz des Buchstabens K hatte sich offensichtlich verflüchtigt, denn wie mehrere Zeugen unabhängig voneinander später bestätigten, lautete der Name meines neuen Bekannten eigentlich Klausi. Aber in Zeiten des großen Neubeginns kam es mehr auf das große Ganze und den richtigen Standpunkt als auf einen popeligen Buchstaben an. Deshalb verzichtete ich auch auf mein ursprüngliches Vorhaben, mich als *Kleinagitator Bernfried Freilich* vorzustellen, und beließ es statt dessen bei einem volksverbundenen *Berni*.

Im übrigen schien der Name Lausi Programm zu sein. Der Junge nahm augenscheinlich gerade an einer Langzeitstudie teil, die da hieß: Wie viele Jahre kann der neue Mensch überleben, ohne sich die Haare zu waschen? Außer seinen fettigen Strähnen in der Stirn zeichnete sich Lausi noch durch einen gewissen Hang zum Übergewicht sowie durch den Besitz zweier leicht zerknüllter Zigarettenbilder aus – der fliegende Hamburger in voller Fahrt und die Olympiade von 1936.

Besonders die Olympiade erstaunte mich, denn man sah da außer Männern in altmodischen Turnanzügen auch lauter Fahnen mit Hakenkreuzen. Das war etwas Unerhörtes, Hakenkreuze mußte man nämlich normalerweise immer wegradieren oder auskratzen, weil der Sowjetmensch sie nicht mochte. Mein Onkel Bruno zum Beispiel hatte wochenlang daran gesessen, alle Hakenkreuze in seinem Lieblingsbuch *So war es – unsere Waffen-SS* mit roter Deckfarbe zu überpinseln. Dadurch fuhr «unsere» Waffen-SS bei «unseren» Sowjetmenschen ein, und beide hatten die gleiche Beflaggung.

Da war mir Lausis Zigarettenbild schon lieber. Dort waren die Bösen auf der Fahne angekreuzt, womit Lausi eine ideologische Klarheit unter Beweis stellte, die seine Eignung zu meinem persönlichen Bündnispartner eindrucksvoll unterstrich. Blieb mir nur noch, sein kadermäßiges Umfeld auszuleuchten. Zu diesem Zweck unternahmen wir einen Besuch bei seinen Eltern, zwei Personen um die Dreißig, die das familiäre Türschild als Ehepaar Peschke auswies. Ich hatte erwartet, daß unser Eintreffen mit lang anhaltendem, begeistertem Beifall quittiert werden würde, doch Frau Peschke nahm von uns nicht die geringste Notiz. Statt dessen tastete sie sich nur wortlos an der Wand des Korridors entlang. Erst beim Näherkommen erkannte ich, daß sie Brillengläser trug, die ungefähr so dick waren wie zwei mittlere Panzerglasscheiben. Und auch so undurchsichtig.

«Hermann?» fragte sie in unsere Richtung und gab damit zu erkennen, daß ihr Gehör durchaus intakt war.

«Lausi», beschied sie mein Begleiter militärisch knapp, worauf wir den Kontrollposten Richtung Küche passieren durften. Ich war beeindruckt. Soviel revolutionäre Wachsamkeit aber auch! Während ich noch überlegte, wie ich meine Eltern für dieses System von Parole und Gegenparole gewinnen könnte, traf mich beißender Qualm in den Augen. In der Küche mußte ein Großbrand ausgebrochen sein, aber anstatt die Feuerwehr zu alarmieren, schob mich Lausi ungerührt weiter, immer hinein in die dicksten Schwaden, inmitten deren eine männliche Person seelenruhig am Tisch hockte. Dieser Held war Herr Peschke alias Hermann. Und er saß nicht nur mitten in der Katastrophe, er *war* die Mitte derselben. Just in diesem Augenblick nämlich zündete er sich mit Hilfe eines zusammengerollten Stück Zeitungspapiers einen weiteren *Goldstumpen* an. Einen weiteren deshalb, weil im Aschenbecher schon an die 50 Kippen ebenjener Zigarillosorte vor sich hin moderten. Ursprünglich hatte ich ja vorgehabt, Lausis Papa als Quelle zur Aufklärung des ideologischen Umfeldes abzuschöpfen, aber es war abzusehen, daß Hermann Peschke in Kürze wieder von seinen selbsterzeugten Rauchwolken verschluckt werden würde. Deshalb beschränkte ich mich auf ein kurzes Winken, registrierte aber, daß es sich bei der zur Brandentfachung benutzten Zeitung um das *Neue Deutschland* handelte. Na bitte, dachte ich mir, hier liest man nicht nur die richtige Presse, man hat auch zündende Ideen. Keine Frage, Lausi konnte mein Freund werden.

Voller Stolz rannte ich nach Hause, um meiner Mutter zu berichten, daß ich den ersten Schritt vom Ich zum Wir vollzogen hatte. Aber sie ließ mich gar nicht erst zu Wort kommen, sondern schnüffelte nur vielsagend an meinem Westover herum: «Das Räuchermännchen, hm?»

«Räuchermännchen?»

«Na, der Herr Peschke von der Familie Unsichtbar.»

Noch mehr Weltenrätsel.

«Sie sieht nichts, und er ist nicht zu sehen.»

Allem Anschein nach waren Lausis Eltern in unserer Straße schon so bekannt, daß sie es zu eigenen Spitznamen gebracht hatten. Höchste Zeit also, Anschluß an diesen Kreis zu finden.

«Der Lausi ist prima», ergriff ich entschlossen Partei.

«Kann schon sein», erwiderte meine Mutter nachdenklich. «Auf jeden Fall ist er ein guter Futterverwerter, bei den paar Marken.»

Zuerst wollte ich diese unterschwellige Kritik an unserer staatlichen Lebensmittelversorgung zurückweisen, dann aber beschloß ich, Mutters Satz lieber als Kompliment für Lausi auszulegen. In Zukunft würde ich meine olle Mehlschleimsuppe auch ordentlich aufessen und gemeinsam mit Lausi so unsichtbar werden, wie es nur ging. Gut genährt und richtig getarnt – das bedeutete Wohlstand und Sicherheit.

Bedauerlicherweise wollten noch nicht alle unsere Zeitgenossen in so vorwärtsweisenden Zusammenhängen denken. Wenige Tage später, als Lausi und ich gerade in eine heftige Diskussion über den Tauschwert von drei Goldmurmeln verstrickt waren, hielt vor unserem Haus ein schwarzer EMW. Dem bauchigen Auto aus Eisenach entstiegen drei bauchlose Männer, dürr und hoch aufgeschossen, wie aus Eisendraht. Ohne uns eines Blickes zu würdigen, stürzten sie die Treppe in den ersten Stock hinauf. Klarer Fall, das mußte die Staatsmacht sein, und die Staatsmacht wollte zum Karlemann.

Der Karlemann wohnte über uns, war alleinstehend, ziemlich schmächtig und vielleicht zwanzig Jahre alt. Eigentlich gehörte er in die Kategorie *unauffälliger Nachbar*, bloß manchmal bekam er Herrenbesuch, und dann entstand immer ein Riesenkrach. Nicht nur oben, sondern auch bei uns, denn mein Familienvorstand quittierte dieses Treiben stets lautstark mit dem Ausruf: «Die spielen wohl mit dem Kleiderschrank Würfeln!» Welche Ursachen der Radau hatte, entzog sich meinem Vorstellungsvermögen. Ich vermutete allerdings, daß er mit einer Eigenschaft des Karlemann zusammenhängen mußte, über die immer nur tuschelnd berichtet wurde. Er sollte etwas sein, das sich homosexuell nannte. Auch wenn ich außer Losungen noch gar nichts lesen konnte, stand fest: Aus der *Großen Sowjet-Enzyklopädie in zwanzig Bänden* stammte dieser Begriff nicht. Und was da nicht drinstand, war entweder rück- oder unanständig. Beides konnte auf Dauer nicht gutgehen.

Das Trio von der Staatsmacht bummerte heftig an Karlemanns Korridortür. Aber entgegen seinen sonstigen Gepflogenheiten zeigte der Wohnungsinhaber heute keinerlei Neigung, Herrenbesuch zu empfangen. Deshalb verschafften sich die Männer mit Hilfe eines Nachschlüssels selbst Einlaß. Und die gesamte Nachbarschaft stand bereit, ihnen auf dem Fuße zu folgen. Meine Eltern hielten gemeinsam Frau Peschke in ihrer Mitte, damit sie auch mal was Interessantes zu sehen bekam. In der zweiten Welle folgte – schon von weitem am Goldstumpen-Aroma identifizierbar – Herr Peschke, begleitet von Fitzenkötter senior, der zum Segen aller geschundenen Kleinlebewesen eine spontane Pause beim Tierquälen eingelegt hatte. Selbst Onkel Drache, unseren Nachbarn von gegenüber, hatte es nicht länger im Bette gehalten. Er war Koch und hielt mit seinen Ersatzspeisen allabendlich mehrere hundert Werktätige in der Berliner *Schichtarbeiterversorgung* schlank. Normalerweise verratzte er den lieben langen Tag, aber heute war alles anders, heute weilten die *Organe* in unseren Mauern.

Und die Organe in Gestalt des längsten der langen Männer raunzten die ganze Mannschaft an: «Treten Se zurück, Bürger!» Dann knallte das Oberorgan die Tür von innen zu. Aber weil sich diese enorm wichtigen Amtsvorgänge so weit oben abgespielt hatten, war dem Mann komplett entgangen, daß Lausi und ich unten schon längst bis in Karlemanns Wohnzimmer durchgerutscht waren.

Ach du grüne Neune, da sah es vielleicht aus! Tisch und Stühle lagen in Trümmern, die Anrichte hatte Bekanntschaft mit einer Axt gemacht, und von der Tapete hingen nur noch Fetzen an der Wand. Das Sofa war so tief aufgeschlitzt, daß sämtliche Spiralfedern herauslugten, um nachzugucken, wen hier draußen wohl der Wahnsinn gepackt hatte. Denn um nichts anderes mußte es sich handeln – mit Karlemanns Freundschaftspraktiken allein waren diese Zustände nicht erklärbar. Doch der Veranstalter bunter Herrenabende glänzte gerade durch Abwesenheit. Statt seiner gab es bloß einen Schutthaufen von der Größe des Fichtelbergs zu sehen, der sich aus lauter Glasscherben, zerschnipselten Büchern und abgerissenen Gardinen zusammensetzte. Vom Geschirr war nicht viel mehr übrig als Porzellanmehl, und was einstmals ein stolzer Kronleuchter gewesen sein mußte, hing nur noch in Form eines Lampenskeletts an der Decke, welches mit seiner letzten unversehrten Glühbirne den Müllplatz in ein dämmeriges Licht tauchte. Aber das schlimmste war dieses klebrige, durchschimmernde Zeug, von dem alles überdeckt wurde. Es pappte den ganzen Plunder zu einer riesigen zähen Masse zusammen.

«Natronwasserglas», stellte eines der Organe hinter uns fachmännisch fest. «Verdammte Schweinerei!»

«Aber wirklich», gaben ihm Lausi und ich recht. Gegen das Inferno hier mußte die russische Oktoberrevolution ja noch eine geordnete Haushaltsauflösung bei Familie Romanow gewesen sein.

Bedauerlicherweise zeigte sich nun, daß auch zustimmende politische Meinungsäußerungen nicht immer willkommen waren, denn wir wurden augenblicklich von den drei Staatsmächtigen entdeckt und unter heftigem Schimpfen zurück in den Hausflur gedrängt.

Dort freilich bereitete man uns einen überwältigenden Empfang. Die versammelten Massen brannten förmlich auf richtungweisende Informationen. Augenblicklich wurde es im Treppenhaus mucksmäuschenstill. Man hätte glatt die Festnadel 5 *Jahre DDR* fallen hören können – nur hatte die wieder mal keiner angesteckt. Wir berichteten von Natriumgläsern und Fichtelbergen. Gerade als wir zum Höhepunkt kommen und das amtliche Urteil der Schweinerei bekanntgeben wollten, wurde die traute Zusammenkunft durch einen unangemeldeten Diskussionsbeitrag aus den hinteren Reihen empfindlich gestört.

«Leute, der Karlemann ist abgehauen!» japste Frau Tismer in die Runde. Das war unsere Hauptmieterin, bei der wir zur Untermiete wohnten, steinalt, schlohweiß und kurzatmig.

«Wie abgehauen?» fragte Tierschreck Fitzenkötter scheinheilig, obwohl er im Gegensatz zu uns wahrscheinlich ganz genau wußte, was gemeint war.

«Na, in den Westen», pfiff Oma Tismer aus dem letzten Loch und zitterte dabei, als würde sie im nächsten Moment in all ihre Einzelteile zerfallen.

So ein Mist, fanden Lausi und ich. Reichte es nicht schon, daß hier die Hausgemeinschaft Schwund verbuchen mußte? Nein, auch unsere tolle Ansprache war jetzt völlig im Eimer, denn nun brabbelte alles aufgeregt durcheinander. Konsterniert zogen wir uns in den Garten zurück und lutschten zum Trost erst mal zwei *Henry-Milchbonbons*. Anschließend werteten wir den Vorfall aus und versicherten uns gegenseitig unseres tiefempfundenen Abscheus über Karlemanns Fehlverhalten. Keiner von uns kannte zwar den Westen, aber man wußte schließlich, daß dort die *Bonner Ultras* das Sagen hatten und die *Ewiggestrigen*. Da ging man doch nicht hin, schon gar nicht, wenn man ein *Morgiger* war wie wir.

Vom Ich zum Wir

Als ich am Abend in den Kreis meiner Familie zurückkehrte, waren dort bereits neue, bahnbrechende Beschlüsse gefaßt worden. Der Karlemann ließ sich zwar nicht zurückholen, aber seine neuen Nachbarn konnte man doch aufklären, welch edle Ziele wir hier in Wirklichkeit verfolgten. Deshalb wollten wir uns der Bewegung «Genosse, schreibe auch Du nach Westdeutschland!» anschließen. Auch ein Adressat für unsere bedeutende Mission war schnell gefunden, denn irgendwo kurz vor New York lebte in Bottrop Willy Ladegast, ein alter Bekannter meines noch älteren Herrn. Er wurde als Bergmann in der Steinkohle geknechtet und mußte schon von daher ein natürlicher Verbündeter unseres Arbeiter-und-Bauern-Staats sein. Das Schreiben an ihn handelte deshalb auch von lauter freien Werktätigen und den Freuden der Einheit. Noch am gleichen Abend wanderte es in den Briefkasten, und ich stellte mir vor, wie Meister Ladegast bald mit Rührung im Gesicht und Koffer in der Hand bei uns vor der Tür stehen würde, um überzusiedeln.

Unverständlicherweise passierte aber mehrere Wochen lang gar nichts. Immerhin kam statt des Herrn Ladegast erst mal mein sehnlichst herbeigewünschter dritter Geburtstag. Im Rahmen eines geselligen Beisammenseins verspeisten Lausi und ich aus diesem Anlaß gerade zwei *Rotplombe-Puddings,* als es bei uns klopfte. Es war der Briefträger.

«Westpaket aus Bottrop!» brüllte er so laut in die Runde, daß sie es wahrscheinlich noch zwei Querstraßen weiter hören konnten. Mann, war das peinlich. Ausgerechnet uns provozierten sie mit so was.

Vielleicht lag es aber einfach daran, daß im Westen gerade die Bewegung «Dein Paket in die Ostzone» lief. Wie dem auch sei, das Ding mußte geöffnet werden Und da sahen wir, wie recht wir gehabt hatten: Freund Ladegast gelangte wahrscheinlich vor lauter Lohnsklaverei kaum noch ans Tageslicht. Deshalb hatte er auch keine Zeit gehabt, unseren Brief zu lesen. «Schöne Grüße, Willy» stand nur auf einem Zettel. Die zweite vorhandene Mitteilung stammte dagegen von einem gänzlich unbekannten Herrn namens *Zollverwaltung.* Gemäß Gesetz soundso, schrieb Herr Zollverwaltung, habe er aus dieser Postsendung entnommen: «2 Expl. Bild Zeitung». Das bedauerte ich, denn bei uns gab es nur Zeitungen für Leute, die lesen konnten.

Ansonsten beinhaltete der Karton mehrere getragene Nylonoberhemden, die vor Ärger über die schlechte Luft des Ruhrgebiets ganz gelb geworden waren, einen Plisseerock, in den meine

Mutter und Frau Peschke gemeinsam paßten, sowie ein einzelnes, auf Hochglanz poliertes Brikett. «Glück auf!» las mein Vater dessen frohe Botschaft vor, um anschließend die ganze Pappkiste wortlos neben den Mülleimer in der Küche zu stellen. Als nächsten Höhepunkt unserer Feier sah die Tagesordnung das gemeinsame Ausblasen von drei *Wittol-Kerzen* vor, aber es entstand eine unvorhergesehene Pause im Programm, weil Lausi mal rausmußte. Als ich ihm nachschlich, fand ich ihn in der Küche, wo er das zur Verschrottung freigegebene Paket noch einmal durchwühlte. Triumphierend zog er unter der Altkleidersammlung eine plattgedrückte Tüte Lensing-Kaffee hervor, die von allen übersehen worden sein mußte. «Können wir noch gebrauchen», gab er mir vielsagend zu verstehen und steckte das Ausgrabungsobjekt ein. Alle Achtung, er war wirklich ein richtiger Partisan, dem nichts entging. Wir machten uns zwar nichts aus Bohnenkaffee und zogen den löslichen Muckefuck *Im Nu* vor, aber hier handelte es sich ja ganz klar um ein *perspektivisches Vorhaben*, und das war immer großartig.

Der Rest des Geburtstags verlief ohne besondere Vorkommnisse. Nach einer protokollarisch korrekten Verabschiedung unseres Gastes durch die gesamte in Ehrenformation angetretene Familie wurde pünktlich die Nachtruhe eingenommen. Das war auch wichtig, denn am nächsten Morgen stand das nächste Großereignis bevor. Der Kindergarten verlangte nach mir, und bei aufgeschlossenen Menschen wie uns verhallte kein Ruf ungehört.

Die Anstalt selbst machte freilich einen etwas enttäuschenden Eindruck. Mitten auf dem Vorplatz, wo man eigentlich wunderbare Aufmärsche hätte durchführen können, stand ein störendes eisernes Karussell. Und dem Zaun, das sah ich gleich, fehlte natürlich eine Losung. Auch die Beschäftigung der weiteren Mitwirkenden dieser Erziehungsmaßnahme ließ noch zu wünschen übrig, denn sie spielten in den umliegenden Büschen einfach Verstecken. Ich beschloß, als erste Maßnahme Geländespiele zur Abwehr gegnerischer Agenten vorzuschlagen. Hier gab es viel für mich zu tun, das stand mal fest wie die Schlange im Milchladen.

Na, wenigstens entdeckte ich unter den Massen auch Lausi. Er erteilte einem anderen Jungen gerade Nachhilfe in Fragen der korrekten Umgangsformen. Er verdrosch ihn nach Strich und Faden. In Windeseile hatte sich um die beiden ein Kreis gebildet, und es versprach nun doch noch recht gemütlich zu werden. Aber just in diesem Moment ging eine Dame dazwischen, die von Staats wegen mit der Leitung des ganzen Betriebs beauftragt war.

Sie bewegte sich vom Alter her schon in der Region rüstige Rentnerin, bestand aber trotzdem darauf, als *Fräulein* Graul angesprochen zu werden. Soviel historischer Optimismus hätte sie mir normalerweise sympathisch gemacht, aber sie begrüßte mich blöderweise mit einem Satz, der im dicken Handbuch des Kinderärgerns ganz vorn stand: «Nun kuck dir bloß mal an, wie deine schönen weißen Kniestrümpfe aussehen.» Dabei sahen sie aus wie immer, nämlich schwarz.

Danach ging es doch noch richtig los. «Alle Kinder bilden eine Zweierreihe», rief das Fräulein so laut, daß die Nackenrolle ihrer Panzerfrisur bebte. Und: «Jetzt wollen wir mal ganz artig und leise in den Waschraum gehen.» Dabei klatschte sie in die Hände, und ich wollte sofort mitklatschen, so wie es mir mal bei einem Tribünenredner aufgefallen war. Der hatte auch pausenlos gemeinsam mit dem Publikum applaudiert. Aber mein Reihennachbar bedeutete mir, daß solche Manifestationen hier nicht angebracht seien. Statt dessen sollte man lieber den Doppelpfeiler der Graulschen Weltsicht beachten, und das waren die unzertrennlichen Zwillinge *Disziplin & Ordnung.* Hörte sich nicht schlecht an, denn wohin mangelnde Ordnung führt, hatten wir ja eben erst beim Karlemann gesehen.

Unser Weg war dagegen richtig; er führte direkt zu den Sanitäranlagen des Hauses. Allerdings erwartete mich dort ein leichter Rückschlag, denn ganz gegen meine hochgesteckten Erwartungen wurde im Kindergarten nicht mehr *abgetopft.* Vorbei also die schönen Zeiten, da man wie in der Krippe noch gemeinsam seinen Geschäften nachging. Jeder drückt für sich allein, hieß nun die Parole. Doch zum Ausgleich gab es hier andere Gruppenaktivitäten wie die Fingerkontrolle. Nach dem Händewaschen trat die gesamte Belegschaft «in Linie zu einem Glied» an, und das Leiterfräulein schritt gemeinsam mit dem Hausmeister und einer Adjutantin die Front ab, wobei sie die vorgestreckten Hände auf eventuelle Reste von Altmahlzeiten, Buddelsand oder Popeln untersuchten.

«Sauberkeit ist der Grundstein jeder Hygiene», flüsterte mein Reihennachbar. Er war einen Kopf größer als ich, hatte lauter Sommersprossen und mußte ein gebildeter Mensch sein. Nur leider keuchte er beim Sprechen so auffallend, daß ein weiterer Gedankenaustausch nicht zustande kam.

«Immer schön still, alle Kinder», tönte es sogleich aus dem Fräuleinmund, «und besonders der Udo, der denkt auch an sein Asthma!»

Nach seinem finsteren Gesichtsausdruck zu urteilen, dachte der Udo im Augenblick wahrscheinlich eher an Tätigkeiten, die vom sozialistischen Strafgesetzbuch als Tötungsdelikte eingestuft wurden. Ich aber dachte, daß er unbedingt auf meine Liste zukünftiger Freunde gehörte, schlau wie er war. Aber durfte man überhaupt nur Freunde sagen? Ging es nicht um Kampfgefährten? Na, wie auch immer, Anwärter gab es jedenfalls genug. Zum Beispiel dieses kleine blonde Mädchen, das man glatt übersehen hätte, wenn es vom Graul-Fräulein nicht als verdiente Künstlerin angesprochen worden wäre.

«Dorle», lautete ihr Befehl, *«Der Osten erglüht.»*

Ahnungslose wie ich wären bei dieser Zeile vielleicht eher auf das Anknipsen eines Rauchverzehrers in Eisenhüttenstadt gekommen, aber statt dessen ging es um große Dinge von Welt, wie man jetzt hörte.

«Oo-sten err-glüht, Chii-na ist jung. Roo-te Sonn-ne grüßt Mao Tsee-tung», teilte uns das Dorle nämlich in Liedform mit. Und mehr noch: «Frühü-ling bringt er unnse-rer Zeit, hat sein Herz, sein roho-tes Herz, dem Volk gehe-weiht.»

Mensch, das war's doch! Mein roho-tes Herz machte einen richtigen Freudensprung. Wir waren komplett, denn genauso mußte sich ein ideales Kollektiv zusammensetzen: Künstlerinnen wie Dorle, Denker wie Udo, Praktiker wie Lausi und natürlich ein Ideologe wie ich, der olle Bernie. Die Welt, der Sieg, die Zukunft und das ganze Zubehör – alles unser.

Bei einem intensiven Erfahrungsaustausch über einer Tasse nur unwesentlich angebrannter Milch gelang es mir, den anderen Kandidaten diese verheißungsvolle Perspektive aufzuzeigen. Einstimmig lautete denn auch unsere Willensbekundung: Ab sofort sind wir vergesellschaftet!

Gegen sechzehn Uhr nahte leider schon der Dienstschluß im Kindergarten. Aber wir konnten ja nicht gleich wieder in lauter Individuen zerfallen, kaum daß wir uns kollektiviert hatten. Zum Glück wußte Lausi Rat. Er hatte noch einen Programmpunkt in petto und übernahm auch gleich die Leitung des Unternehmens. Ganz vorschriftsmäßig hängten wir noch rasch unsere Stullentaschen um den Hals, dann folgten wir ihm in lockerer Marschformation. Dorle schlug vor, unterwegs das Musikwerk *Wir sind des Geyers schwarzer Haufen* anzustimmen, was ich, so wie wir aussahen, auch durchaus als angemessen empfunden hätte. Aber Lausi meinte, daß wir unsere Wertschätzung für die schönen Künste aus taktischen Gründen lieber nicht offen zeigen sollten. Hier sei eher Verschwiegenheit angebracht.

Es verschlug uns auch wirklich allen die Sprache, als wir das Ziel der Exkursion erreichten. Es war der Dorffleischer – ein äußerst gefürchteter Mann, der in meinen Augen eher zu den ideologisch unzuverlässigen Kleinunternehmern zu zählen war, bei denen man nie wußte, was sie so alles in ihre Blutwurst reinmanschten. Deshalb war ich insgeheim schon immer für eine Kollektivierung der Lebensmittelbranche gewesen. Vielleicht sollte ich überhaupt politisch eingreifen und einen Agitationseinsatz starten? Unsere Erzeuger reisten auch immer über die Dörfer und machten sich mit ihren Reden über die Schönheit des Genossenschaftswesens viele Freunde unter den Bauern. Wenn es dort ging, konnte sich hier doch auch der Schlächter wenigstens mit dem Bäcker zu einem kleinen Boulettenkombinat zusammentun.

Aber es war zu spät – Lausi hatte den Leiter aller Leberwürste schon selbst herausgeklingelt. Der Mann wirkte ungefähr so freundlich wie der einäugige Holländermichel in dem Film *Das Kalte Herz*, und wir sahen Lausi im Geiste bereits als Roulade in seinem Eisschrank verschwinden. «Naa», knurrte er mit einem Unterton, der langjährigen herzlichen Umgang mit Kunden verriet, «wat wollt ihr denn?»

«Vier Brathähnchen», antwortete Lausi mit klarer Stimme, «und schön durch, bitte.» Es war der reine Aberwitz. Hier bestellte einer seelenruhig die Henkersmahlzeit für uns alle. Der Holländermichel war einen Augenblick lang so baff, daß man die Zahnlöcher in seinem herunterhängenden Unterkiefer sehen konnte. Die hatte er wahrscheinlich vom vielen Knochenbeißen. Dann fing er unvermittelt an zu lachen. Oder sagen wir mal so: Er tat das, was er für Lachen hielt. In unseren Ohren hörte es sich mehr danach an, als ob jemand versucht, *Ihr Kinderlein, kommet* auf der Stalinorgel zu spielen.

Nachdem sich der gröbste Geschützlärm wieder gelegt hatte, bellte er uns an: «Nich mal für Jeld und Marken, ihr halben Portionen!»

Aber Lausi blieb völlig unbeeindruckt. «Wie gesagt, vier Hähnchen, gut durchgebraten.» Mit diesen dürren Worten zog er ein Päckchen aus seiner Jacke, das ich zu kennen glaubte: Es war der Lensing-Kaffee aus unserem Westpaket.

Der Holländermichel wurde unruhig wie Pawlows Hunde, wenn der Futternapf sich nähert. Mit Verschwörermiene zog er uns auf den Hof, nahm wortlos den Kaffee an sich und verschwand in den Tiefen seiner Abdeckerei. Keine fünf Minuten später tauchte er wieder auf, und wirklich: Er hatte für jeden von uns ein Brathähnchen dabei. Die Dinger waren noch warm. Sie rochen phantastisch und wurden gleich an Ort und Stelle verputzt. Das Fett lief uns in Strömen am Kinn herunter, und die Finger trieften nur so – aber es schmeckte einmalig gut. So was Edles hatte keiner von uns bisher je gegessen. In einer kurzfristig anberaumten Auswertung faßten wir folgerichtig zwei Beschlüsse:

1. Das Brathähnchen hat ab sofort einen festen Platz in der Gesellschaft und wird unser Erkennungszeichen und Leitbild.

2. Der Fleischer wird vom Verdacht, dem Holländermichel zu ähneln, bis auf weiteres rehabilitiert.

So hatte auch am Ende dieses Tages wieder mal jeder was Gutes abgekriegt, aber das war ja ganz gesetzmäßig, weil es dem *Wesen der Epoche* entsprach. Die Epoche mußte überhaupt ein prima Verteiler sein; sie hatte das Lager voller Freunde und war außerdem noch fettreich.

„Rembrandt" und Sputnik

Zwei Wochen später meldete sich die Epoche schon wieder und ließ einen Karton bei uns zu Hause anliefern. Nee, nee, es war nicht das Zweitbrikett aus Bottrop, sondern ein *Fernsehgerät «Rembrandt» vom VEB Rafena Radeberg*. Sensation! Die Nachricht hatte sich im ganzen Bekanntenkreis schneller verbreitet als die Lieferzeiten der HO, und unsere Bude war so brechend voll, daß wir als Kinderkollektiv Mühe hatten, noch ein freies Eckchen zu finden. Vorne saß natürlich wie immer Frau Peschke. Onkel Drache hatte man sicherheitshalber als Gebärdendolmetscher neben sie gesetzt, aber er schlief schon wieder den Schichtschlaf. Selbst der lautstarke Streit von Herrn Peschke und Fitzenkötter senior über die zu erwartende Sendung konnte ihn dabei nicht stören: Während sich der eine Informationen über die steigenden Produktionszahlen der Tabakindustrie erhoffte, wollte der andere natürlich was mit Tieren sehen. Die alte Frau Tismer war einem Schwächeanfall nahe, wir fiepsten unter Anleitung von Udo das Wort «Kindersendung» in die Runde, und meine Mutter verlor vor Aufregung die Appetithäppchen vom Tablett. Im Grunde brauchten wir den Fernseher gar nicht, denn es war auch so genug los.

Aber schon nach einem halben Jahr Wartezeit begann es in Rembrandts Lautsprecher zu brummen, und der postkartengroße

Bildschirm zeigte lauter rasende Streifen. «Läuft durch!» krähte die ganze Truppe in plötzlicher Einmütigkeit, was wohl bedeuten mußte, diese Sendung stand nicht im Programm. «Streifen», übersetzte Onkel Drache, der unerwartet das Bewußtsein wiedererlangt hatte, für Frau Peschke.

Unser Vater drehte sich mit der Antenne in der Hand langsam im Halbkreis herum. (Früher war er mal mein privater Vater gewesen, aber jetzt im Kollektiv gehörte ja allen alles, vom Vater bis zur Bildstörung.) Kollege Rembrandt verlegte sich vom Brummen aufs Rauschen.

«Schnee», kommentierte Onkel Drache die Lage an der Bildfront. Gerade wollte die allgemeine Hochstimmung etwas nachlassen, als es unserem Vater gelang, mehrere Wellen aus dem Äther zu fischen. «UNTERBRECHENWIRUNSERLAU-FENDESPROGRAMMFÜREINEAKTUELLESONDER-MITTEILUNG», sprudelte es uns aus der Kiste entgegen. Dann folgte ein Fanfarensignal, und man sah einen Mann und eine Frau, die sich mit ihren landwirtschaftlichen Geräten völlig ineinander verhakt hatten.

«Hammer und Sichel – das ist Moskau.» Fitzenkötter senior war ganz sicher. Ungeachtet seiner sonstigen ideologischen Schwächen glaubten wir ihm ausnahmsweise mal, denn durch sein russisches Auto besaß er ja doch eine gewisse Vorbildung.

Eine Weile wurde geräuschvoll hin und her geschaltet, dann stand ein Mann vor uns, an dessen Anzug ungefähr der Jahresausstoß einer Ordensfabrik befestigt war. «Tawarischi!» rief er uns zu, und wir waren mächtig stolz, denn das hieß *Genossen* und schloß uns offenkundig ein.

«Is einer gestorben?» erkundigte sich Frau Tismer.

Unser Vater bekam einen Krampf im Arm und ließ die Antenne fallen, woraufhin der Ordensgenosse keinerlei Fragen mehr beantworten konnte, sondern sich erst mal wieder verflüchtigte.

Herr Peschke versuchte die Situation zu retten, indem er die Leitung des Empfangs sowie die Antenne an sich riß. Auf der Mattscheibe erschien daraufhin ein rundes, schimmerndes Ding.

26

«Es piept», erklärte Frau Peschke ihrem Nachbarn Onkel Drache, als wäre sie hier für die Deutung von Klängen zuständig.

«Eto nowui Sputnik», verkündete eine Stimme im Bildhintergrund. «Das ist der neue Sputnik», gab auch noch ein deutscher Sprecher seinen Senf dazu. Man kam gar nicht so schnell nach. «Seit einigen Stunden zieht er nun schon seine Bahn durch den Kosmos und kündet der ganzen Welt von der Überlegenheit des Sozialismus.»

«Was ist los?» fragte Frau Peschke.

«Spucknich», erwiderte Onkel Drache abwesend, denn er war erneut im Begriff einzunicken.

«Ich muß doch sehr bitten.» Frau Peschke sah ihn so mißbilligend an, wie es mit ihrer Betonbrille eben ging.

«Nein, der Spucknich fliegt.»

«Und wieso muß er immer piepen?»

«Na, wegen der Überlegenheit», wurde sie von unserem gesamten Kinderkollektiv belehrt. Auf diese geniale Antwort fiel keinem der Erwachsenen mehr irgendeine blöde Gegenfrage ein.

Im Fernsehen nutzten sie die Gunst des Augenblicks, um klammheimlich zum regulären Sendeablauf zurückzukehren. Es war ein Estradenprogramm aus dem Studio Adlershof und sah aus, als hätte man die Jahreshauptversammlung aller Rundfunktanzorchester in eine Telefonzelle verlegt. Für uns war natürlich der Dampf raus, denn auch wenn da ein gewisser *Günter Gollasch* die höchsten Trompetentöne anschlug – gegen die kosmischen Höhenflüge gab es keine Steigerung mehr.

Deshalb leiteten wir den geordneten Rückzug ein und versammelten uns in der Küche. Dieser ungewöhnliche Tag verlangte nach einem festlichen Ausklang – da waren wir uns einig. Versteckte Brathähnchen gab unsere Speisekammer leider nicht her, wie Lausi mit einem einzigen sachkundigen Blick feststellte. Die Idee eines Banketts mußten wir also fallenlassen. Hier kam nur was Geistiges in Frage – wie immer, wenn sonst nichts zu holen war.

«Eine Würdigung müssen wir vornehmen», quietschte der

kluge Udo gegen sein Asthma an. Die anderen staunten, woher er das tolle Wort Würdigung hatte, in mir aber reifte schon die passende Idee.

«Wir benennen einfach den Udo um», schlug ich, also ab jetzt wir, vor. «In Sputnik.»

«Genau», waren sich sofort alle einig. «So schön wie er piept keiner.»

Einer derart stichhaltigen Begründung konnte sich auch Udo nicht verschließen, und deshalb war es abgemacht: Wir hatten ab sofort einen eigenen Sputnik.

Zufrieden schlossen wir unsere Festsitzung. Wahrscheinlich gingen an diesem Abend auch alle zufrieden ins Bett, aber bei uns zu Hause gab es vorher noch ein besonderes Erlebnis mit dem neuen Fernseher. Er hatte nämlich nicht nur Knöpfe für laut und leise oder hell und dunkel, sondern auch einen Schalter, der sich *Kanalwähler* nannte, an dem nunmehr unser Vater rumfummelte. Obwohl die Nachbarn längst gegangen waren, benahm er sich dabei höchst verschwörerisch. Leise und behutsam versuchte er den Knopf nach rechts zu drehen, aber der Schalter begleitete jeden Zentimeter Bewegung mit ohrenbetäubendem Knacken.

«Das haben die extra so gemacht», sagte unsere Mutter, «damit es das ganze Haus hört.»

Wir (also ich als Kollektivmitglied) begriffen erst nicht ganz, *was* das Haus nicht hören sollte. Aber nach einem weiteren Knakken kam die Kanalwahl zum Abschluß und damit ein Herr ins Bild, der uns auf Anhieb unsympathisch war. Er erzählte aber auch Sachen! Von den roten Machthabern in Pankow war bei ihm die Rede und von einem Spitzbart, der das Symbol für Terror und Unfreiheit sei. Na klar, das konnte nur Schimpfe aus dem Westen sein. Und die nahm gar kein Ende, im Gegenteil: Der schlechtgelaunte Herr zog immer heftiger vom Leder, über Vopo-Büttel, Wahlbetrüger, Handlanger und weitere uns nicht im einzelnen bekannte Persönlichkeiten. Dann aber machte es plötzlich «Puff» und wurde dunkel. Wir, das heißt ich in meiner neuen Form, nahmen zunächst an, daß sich unser Rembrandt weigerte, so etwas weiter zu übertragen, aber einer der Scheinwerfer im Sender hatte es auch nicht mehr mit anhören können und war vor Empörung geplatzt.

So endete der Fernsehabend mit einem schönen Sieg der Gerechtigkeit. Unser Vater würgte den Knack-Wähler wieder zurück in die lichte Bilderwelt des Sozialismus, und bevor wir schlafen geschickt wurden, erhaschte unser Blick noch eine letzte beruhigende Kameraeinstellung: Verdiente Werktätige schleppten ein Transparent durch die Gegend, auf dem stand: «Stahl – Brot – Frieden!»

Das war ein hervorragender Gedanke, fanden wir, also ehemals ich, und nahmen uns vor, in Zukunft auch noch das letzte stahlhart gewordene Brot aufzuessen, nur um des lieben Friedens willen.

Täve beim „Grand mit Dreien"

Überhaupt der Frieden: Man konnte ihn nicht nur essen, er radelte auch. Und zwar gleich durch drei Länder hintereinander. Die *Friedensfahrt* von mehreren hundert Fahrrädern und lauter gelben und blauen Trikots führte von Prag über Berlin nach Warschau oder von Warschau über Prag nach Berlin oder von Berlin über Warschau nach Prag, je nachdem, wo der transportable Frieden gerade besonders dringend gebraucht wurde.

Uns fiel die Sache zum erstenmal im Kindergarten auf. Der Hausmeister fehlte eines Tages unentschuldigt. Fräulein Graul, die mißtrauische Vorsteherin des Betriebs, hatte ihn schon im Verdacht, daß er wieder mal seiner Lieblingsbeschäftigung nachging. Die nannte sich «Grand mit Dreien», war aber gar kein Kartenspiel, sondern ein Weinbrand-Verschnitt. Die umgehend eingeleitete Fahndung nach einer Schnapsleiche im Kohlenkeller ergab Unvorhergesehenes: Wir fanden den Hausmeister zwar mit einem so hochroten Kopf, daß jede Arbeiterfahne blaß dagegen ausgesehen hätte, aber er war stocknüchtern. Mit dem Ohr hing er an einem großen Radio, dessen magisches Auge mit der Birne vom Hausmeister und den elektrischen Röhren im Innern des Apparats um die Wette glühte.

«Psst», zischte er, als er uns bemerkte.

Auf Zehenspitzen rutschten wir über die lose Schüttkohle näher an ihn heran. So mußte wohl auch der Name Eierbriketts entstanden sein.

«Die Stadioneinfahrt», hauchte der Hausmeister.

Aus dem Lautsprecher war etwas zu hören, das wie der Untergang der gesamten friedliebenden Menschheit klang: *«Täve, mein Gott, Täve ist gestürzt!»*

Das Mienenspiel des Hausmeisters tendierte kurzzeitig Richtung Selbstmord.

«Sein Vorderrad ist gebrochen, und die Verfolgergruppe naht!» Das hörte sich wirklich dramatisch an.

«Aber in diesem Moment schwingt er sich auf das Fahrrad einer Zuschauerin und rettet den Sieg in letzter Sekunde. Unser Täve gewinnt die Friedensfahrt!» Tusch und Täterä.

Der Hausmeister holte so tief Luft, wie es nach zweistündigem Atemstillstand nötig war.

Beruhigt stiegen wir aus der Kohlengrube wieder hinauf über Tage. Da unser Wissensstand in Sachen Täve noch rückschrittlich war, mußte uns Udo, der Ehrensputnik, auf die Sprünge helfen: «Täve oder auch Schur, Gustav Adolf», rasselte er herunter, «Alter achtundzwanzig, Weltmeister im Amateurradsport neunzehnachtundfünfzig.»

Hatte bestimmt auch mal als Brathähnchenesser angefangen, dieser Täve, und nun war er berühmt, so berühmt, daß der Hausmeister für ihn sogar seinen geliebten Flüssigskat sausenließ. Trotzdem wollten wir vorsichtshalber noch die Probe aufs Exempel machen und testen, wie volksnah Täve war. *Kunst an die Basis*, hätten schließlich die Kulturschaffenden in Bitterfeld unlängst gefordert, meinte unsere Sängerin Dorle. Was für die Kunst richtig war, konnte für den Sport nicht falsch sein.

Für Fragen der Basis und Volksstimmung war in unserem Dorf die Bahnhofskneipe zuständig. Dorthin begaben wir uns, nachdem der Kindergarten am Nachmittag Feierabend gemacht hatte. Na ja, richtig rein durften wir in das Lokal natürlich nicht; das verhinderte eine gewisse *Verordnung zum Schutze der Kinder und Jugendlichen.* Aber mehrere ältere Herrschaften mußten wegen irgendwelcher Verordnungen zum Schutze der Kneipe offenkundig auch draußen bleiben. Sie schwankten ein wenig und hielten sich deshalb nicht nur an ihren Biergläsern, sondern auch noch an den beiden Griffstangen der Eingangstür fest, was gewagt war, denn es handelte sich um eine Pendeltür. Trotzdem fanden wir sie als Testpersonen geeignet, denn es galt ja, besonders all jene zu gewinnen, die noch schwankten. Lausi und Sputnik bauten sich also vor einem leicht lädierten Ehepaar auf, das sich gerade zuprostete.

«Entschuldigung, wissen Sie vielleicht, wer heute die Friedensfahrt gewonnen hat?» erkundigte sich Lausi so arglos, wie wir es vorher abgesprochen hatten.

«Friiensfahrt?» nuschelte der Mann fragend.

«Sie wissen schon, das internationale Radrennen», versuchte ihm Sputnik auf die Sprünge zu helfen.

«Schnur», meldete sich seine Frau unvermittelt zu Wort. «Schnur heißt er.»

«Wer?» fragte der Gatte eben noch, als im selben Augenblick jemand von drinnen an der Pendeltür zog und den Mann samt Glas jäh aus unserer Mitte riß. Als er wieder herausgependelt kam, war sein Glas leer und sein Mantel voll. «Lehmann, der Idiot», sagte er.

«Nein, Schnur», beharrte seine Frau.

«Der heißt nicht Schnur», mischte sich jetzt ein Rentner von der anderen Seite der Tür ein und fuchtelte der Frau mit seinem Gehstock vor dem Gesicht herum, «Stur is der Name.»

«Wirste woll die Krücke wegnehmen», herrschte ihn der Kollege Gatte an und packte das Gehholz mit einer Hand. Aber er hatte nicht mit dem Hund seines Gegenübers gerechnet, der

Zähne hatte, um die ihn sogar der Tyrannosaurier aus *Reise in die Urzeit* beneidet hätte. Diese schlug er in die Manchesterhose des Mannes, woraufhin der Gatte mit einem Wutschrei die Rentnerkrücke zerbrach. In der Pendeltür erschien noch einmal der verblüffte Herr Idioten-Lehmann, und hinter der Theke sah man den Wirt aufgeregt telefonieren.

Zur Beruhigung der erhitzten Gemüter wollte unser Dorle das Lied *Kleine weiße Friedenstaube* zum Vortrag bringen, aber wir rieten ihr entschieden ab. Der Hund kläffte einfach zu laut, außerdem bekam Sputnik einen Hustenanfall. Nur die Gattin behielt die Übersicht und stürzte das Restbier des Rentners hinunter, der fassungslos seine beiden Stockhälften anstarrte. «Und er heißt doch Schnur», verkündete sie danach triumphierend.

Das hätte sie nicht tun sollen, denn jetzt mischte sich auch noch ein zufälliger Passant ein. «Sie irren», widersprach dieser höflich, «ich glaube, es war etwas mit Adolf.» Schlagartig herrschte Ruhe. Selbst der Hund ließ vor Staunen die Hose los.

«*Sie* zeigen mir mal Ihren Personalausweis», durchschnitt eine Stimme die Stille. Sie gehörte einem deutschen Volkspolizisten und richtete sich ausgerechnet an den Passanten. Das war zwar ungerecht, aber wir kriegten ja auch häufig die Schuld für Dinge, für die wir gar nichts konnten.

An der Basis ging es also zu wie im richtigen Leben, das hatten wir heute gelernt. Auf dem Nachhauseweg kamen wir überein, daß Täve unsere Prüfung bestanden hatte: Er war fest im Herzen der Massen verankert und deshalb bei uns als Vorbild willkommen.

Von solchen positiven Erfahrungen beflügelt, beschlossen wir, systematisch nach weiteren Vorbildern zu suchen. Sie sollten heroisch sein, volksnah, stark, unzweifelhaft dem Sozialismus dienend – jedenfalls Morgige wie wir.

Sputnik wußte auch schon, wo wir weitersuchen könnten, nämlich im «Progreß-Filmpalast». Dort gab es jeden Sonntagnachmittag eine Kindervorstellung. «Eintr. 25 Pfg. einschl. 5 Pfg. Kulturbeitr.», buchstabierten wir uns mühsel. zusammen. Noch mühseliger war allerdings die Bereitstellung der Summe selbst, denn unsere Erzeuger nutzten diesen unseren Hunger nach Kultur schamlos für eine allwöchentlich wiederkehrende Erpressung: «Entweder die Kartoffeln werden aufgegessen, oder es gibt kein Kino», lautete deren Muster. Bis zum Platzen vollgestopft mit *Adretta festkochend*, aber immer noch bildungshungrig, versammelten wir uns also regelmäßig vor dem Filmtheater. Rechtzeitiges Erscheinen war dringend angeraten, denn das «Progreß» bot nur ungefähr anderthalb Personen Platz, die noch nicht zu Mittag gegessen hatten: Wenn unser wohlgenährter Verein drinnen saß, mußten fast alle anderen Interessenten draußen bleiben.

Aber uns war's recht. So konnten wir das Gesehene immer gleich durchsprechen, ohne daß der halbe Saal murrte: «Ruhe, verdammt noch mal.» Und es fing ja gut an: Kaum war der Gong verklungen und Dunkelheit eingekehrt, forderte uns eine Männerstimme auf: «Sie sehen selbst – Sie hören selbst – urteilen Sie selbst!» Das war *Der Augenzeuge*, und der Mann hatte allerhand erlebt. Von grausigen Notständen im Westen wußte er zu berichten, denn er zeigte uns wehrpflichtige «Söldner», die irgendwelche *Atome* mit sich herumtrugen. Das war nicht vorbildlich.

Aber der Hauptfilm kam ja noch, weil das Gute immer hinten liegt. Wie der Nachtisch. *Kotschubej* war so eine Köstlichkeit. Sie stammte aus der Sowjetunion und handelte von einem Kosaken, dessen Jacke an der Brustpartie aus lauter Patronen bestand. Damit lehrte er die Weißgardisten das Fürchten, weil an ihm alles abprallte. Nur nicht die Worte des Genossen Ordshonikidse, denn dessen Agitation ging ja auch ins Herz und folglich unter die Jacke. Noch schöner waren aber die richtigen Märchenfilme wie *Der dumme Iwanuschka, der das Wunder suchte*. Darin erkannten wir auf Anhieb einen der Söhne von Tierarzt Fitzenkötter. Der war genauso saudumm. *Die verzauberte Marie* enthielt neben solch echten Abbildern auch ein paar brauchbare Vorbilder, wie wir beim vierten Ansehen des Filmwerks übereinstimmend feststellten. Vor allem der Soldat hatte es uns angetan. Der war natürlich kein Atom-Söldner, sondern ein Trommler und Freund der

Bären im sibirischen Wald. Außerdem befreite er das Mariechen, welches bis dahin in einem Unterwasserkerker vor sich hin geschimmelt hatte. Obervorbildlich! Der Gutmensch hatte erfreulicherweise auch einen deutschen demokratischen Waffenbruder, und zwar in dem Film *Das Feuerzeug*. Dort gelangte ein Soldat zufällig in den Besitz herrenlosen Altvermögens, aber das Geld war im Nu wieder futsch. Man munkelte seinerzeit, der Hauptdarsteller, ein gewisser Ludwig, sei dem Trunke verfallen. Deshalb nahmen wir an, daß er den schönen Schatz irgendwie im Konsum für *Primasprit* verbraten haben mußte. Am Ende bekam er aber trotzdem die Prinzessin mit dem ganzen Königreich dran, denn für angehende Herrscher war es anscheinend ganz günstig, wenn sie schon einen in der Krone hatten. Das bestätigte sich später im wahren Leben anhand des Gewerkschaftsgebieters Harry Tisch: Den nannten alle nur Harry *Zisch*, und er hatte wohl auch im Kino gelernt, daß ein einfacher Parteisoldat allerhand schlukken muß, um ganz nach oben zu kommen.

So bildeten wir uns Sonntag für Sonntag weiter. Täve bekam den deutsch-sowjetischen Soldaten als Vorbild zur Seite gestellt, und Clown Ferdinand hatten wir sowieso schon in unsere Ehrengarde aufgenommen. Der lachte immer nur und sprach nie. Deshalb konnte er auch nichts Falsches sagen.

Bärbel Wachholz und der siebte Oktober

In puncto Bildung half uns als nächste Fräulein Graul im Kindergarten weiter. «Bald ist es wieder soweit», gab sie bekannt, «unser Republiksgeburtstag steht bevor.» Das war der siebte Oktober, wie alle wußten. Üblicherweise veranstalteten wir an diesem Tag immer einen Festakt, bei dem unser Hausmeister die Fahne wehen ließ – also die mit Hammer–Zirkel–Ährenkranz, nicht die vom Grand mit Dreien. Dazu intonierte Dorle *Die Heimat hat sich schöngemacht,* und in Ermangelung anderer Trompeten schnaubte Fräulein Graul zum Schluß laut und gerührt in ihr Taschentuch.

Diesmal aber sollte der Tag ganz anders ablaufen: Wir wollten nach Berlin fahren und uns die Parade der Nationalen Volksarmee ansehen. Herrlich! Natürlich dachten wir sofort an unseren Filmtrommler und an seinen trinkfesten DDR-Kollegen Ludwig – solche Teufelskerle konnten wir also bald zu Hunderten bewundern. Außerdem würde an diesem Tag kein Mittagsschlaf stattfinden – der lag nämlich auf der allgemeinen Unbeliebtheitsskala gleich hinter den Bonner Ultras und noch vor dem Ekelspinat aus der Kindergartenküche. Wem zwischen eins und drei die Augen partout nicht zufallen wollten, der «bekam das Laken». Das sah ungefähr so aus wie beim Zwergenarzt, wenn er Schneewittchen für tot erklärt und ihr die Bettwäsche übers Gesicht zerrt. Bloß mit dem Unterschied, daß wir noch lebten.

Ein paar Tage lang mußten wir die Lakenfolter weiter überstehen, dann war der Tag des Jubiläums endlich da. Wir wurden morgens auf dem Hof noch rasch mit einer langen Wäscheleine umwickelt, damit niemand beim Feiern verlorenging, und anschließend setzte sich das ganze Paket per Eilmarsch in Bewegung. Unsere Formation war etwas gewöhnungsbedürftig, aber wir fanden schnell den richtigen Dreh: Gleichschritt hieß die Lösung. Wir wollten ja ohnehin zu den Soldaten, und die liefen auch immer so. In großen Kollektiven konnte eben nicht jeder einfach draufloslatschen, wie es ihm einfiel. Womöglich wären sonst ganze Armeen gestolpert, und der Friedenskampf hätte verspätet eingesetzt wie sonst nur noch die Züge der Deutschen Reichsbahn.

Unsere Front aber stand, als wir bei der Nationalen Volksarmee eintrafen. Sie schien schon auf uns gewartet zu haben, denn die Vorstellung ging gleich los. Zuerst kam eine Begrüßung durch den Armeedirektor. Man erkannte ihn an seinem bunten Kostüm sowie an den zu Herzen gehenden Worten, die er für alle Mitwirkenden fand. Der absolute Renner war seine Formulierung «grüße und beglückwünsche ich Sie». Kaum daß er die Floskel über die Lippen gebracht hatte, schrien die Soldaten auch schon im Chor zurück: «Hurra-hurra-hurra!» Der bunte Direktor schien von diesem Publikumserfolg selbst überrascht zu sein, denn er probierte es gleich noch mal und dann wieder und wieder, bis zum Schluß kein einziger Soldat mehr übrig war, den er nicht persönlich begrüßt hatte, und wir hofften insgeheim, er würde nun ersatzweise bei uns weitermachen. Doch statt dessen wandte er sich an seinen Oberdirektor. Der hieß *Genosse Minister* und bekam eine Meldung, die sich aus den Bauteilen «... Anlaß ... Jahrestag ... vollzählig ... Tagesparole ... zu Ehren ... Bereitschaft» zusammensetzte. Mit diesen dringenden Neuigkeiten begab sich der Minister gleich weiter zum *obersten Repräsentanten,* den man aus Gründen besserer Unterscheidbarkeit in der Mitte einer Tribüne aufgestellt hatte. Nachdem nun alles restlos durchgegrüßt und hochgemeldet worden war, schüttelte der Repräsentant dem Minister dankbar die Hand, wobei jener vor lauter Rührung einen seiner weißen Handschuhe verlor.

Na, das würde noch ordentlich Ärger geben, wie wir aus eigener Erfahrung wußten. Unsere Eltern ließen jedenfalls immer vorwurfsvolle Tiraden ab, sobald bei uns eins dieser Kleidungsstücke aus *Wolpryla* verschwand. Und wenn der Minister heute abend nach Hause kam, mußte er sich wahrscheinlich auch vom Repräsentanten fragen lassen, was ihm einfiele, schon wieder seinen Handschuh zu verbummeln. Vielleicht nähten sie ihm die Dinger zur Strafe im nächsten Jahr sogar an einer Strippe fest, die er dann jedesmal durch die Ärmel fädeln mußte, wie Dorle, die im Ruf stand, eine der größten Handschuhverliererinnen aller Zeiten zu sein.

Aber im Moment hatte der Minister keine Zeit zum Suchen, denn seine Armee ging gerade zum geselligen Teil des Programms über. Ein Orchester spielte unterhaltsame Weisen, und die Soldaten marschierten los. Sie verhaspelten sich übrigens kein bißchen, was zweifellos auf jahrelanges Üben mit den Wäscheleinen der Volksarmee zurückzuführen war. Wir winkten von der einen Seite,

36

der Repräsentant von der anderen, nur die Soldaten verzogen keine Miene, weil ja das Militär eine ernste Angelegenheit ist. *Der Frieden muß bewaffnet sein*, hieß es schließlich nicht umsonst.

Mit den Waffen ging es nun auch weiter, denn die nächste Darbietung bestand aus lauter Haubitzen, Selbstfahrlafetten und Werfern. Der Repräsentant verschwand in einer mächtigen Staubwolke, und die Kapelle verstummte. Das heißt, sie spielte schon weiter, aber man hörte in dem Höllenlärm nur noch den Ansager im Lautsprecher. Mit donnernder Stimme setzte er uns vom Titel der gegenwärtigen Nummer in Kenntnis: *Auf Wacht zur Verteidigung der Heimat*. Hinter uns wachte allerdings leider Fräulein Graul. Sie war der Meinung, daß man sich bei der Verteidigung nicht unbedingt dreckig machen müsse, und zog uns an der Leine vom Straßenrand weg. Das war bedauerlich, denn jetzt verpaßten wir vielleicht ausgerechnet den Höhepunkt, wenn die Soldaten vorführten, wie sie unter Zuhilfenahme ihrer Friedenshaubitzen ein gefangenes Übungs-Mariechen freischossen. Hinterher leerten sie dann mit dem Minister womöglich noch eine Flasche *Primasprit* auf die Heimat. Und wir waren keine Augenzeugen.

Aber als guter Soldat hat man Befehle entgegenzunehmen und pflichtbewußt zu befolgen, auch wenn's schwerfällt, und unser Befehl sah als nächstes die *Teilnahme am Volksfest* vor. Gleich um die Ecke hatte man dafür lauter Bretterbuden aufgestellt. Auch eine Bühne war vorhanden, an der endlose Wimpelketten flatterten. Sie trugen den Aufdruck *Erstürmt die Höhen der Kultur*, und diese Anregung machte sich gerade ein etwas unterernährter Zauberkünstler zu eigen. «Glühlampennn durchdringennn zwaai Damennn», schrie er und raffte mit der einen Hand seinen zu weit geratenen Frackhosenbund hoch, während er mit der anderen einen verbeulten Blechkasten zuknallte. In dem steckten zwei Frauen, aus denen jetzt vorne tatsächlich mehrere Glühlampen herauswuchsen. Der Zauberer warf einen Hebel herum, und die Birnen erstrahlten. «Immer heller mit BGW», rief er, «das heißt Berliner Glühlampenwerk oder auch Bitte Gleich Wegwerfen.» Ringsum fing das festlich gestimmte Volk an zu lachen.

«Kommunismus gleich Sowjetmacht plus Elektrifizierung des ganzen Landes», hielten wir ihm spontan entgegen, das hatte unser Vater als Erleuchtung des Genossen Lenin von einem Lehrgang mitgebracht.

Die Leute lachten noch lauter, ja richtig schallend. Der Zauberer mußte sogar vorübergehend seinen Hosenbund loslassen, um sich ein paar Tränen aus den Augenwinkeln zu wischen. Selbst die beiden durchdrungenen Damen wieherten so heftig, daß sie um ein Haar mit ihrer Blechkiste umgefallen wären. Stolz gingen wir weiter. Unsere Richtigstellung hatte den Menschen Freude gebracht; das war ein erhebendes Gefühl.

Und es wurde noch erhebender, als uns bei der nächsten Bude ein wohlbekannter Duft in die Nase stieg. Unverkennbar – hier wohnte unser Wahrzeichen, das Brathähnchen. Kaufen konnte man es aber nicht.

«Bei mir ist jede Nummer ein Gewinn», informierte uns eine rothaarige Dame mittleren Alters, die vor dem Laden auf Kundschaft wartete. Gleichzeitig beugte sie sich so tief zu uns herunter, daß für ihren gutbesuchten Ausschnitt akute Explosionsgefahr entstand. «Is ein Dekolleté», flüsterte Sputnik respektvoll und trat aus Gründen des Arbeitsschutzes einen Schritt zurück.

Außer unserem fettigen Freund, dem Hähnchen, warteten auch noch mehrere Handtücher der Sorte Baumwolle grob, drei Essenstransporter mit Henkel, aber ohne Inhalt, sowie die Schallplatte *Amiga Express 1959* auf Gewinner. Für uns stand natürlich sofort fest: An der Verlosung mußten wir unbedingt teilnehmen. Eine umgehend anberaumte Wirtschaftsprüfung ergab, daß sich unsere Barmittel auf 53 Pfennige beliefen. Das reichte bloß für schlappe zwei Lose bei drei Pfennigen Rest, aber den Versuch war es wert. Von uns Jungs traute sich keiner, diese verantwortungsvolle Aufgabe zu übernehmen. Deshalb mußte Dorle ran; mit Frauen durfte man, auch wenn sie Mist angestellt hatten, hinterher nicht herummeckern. Das war nicht sozialistisch.

Dorle widmete sich ihrem Auftrag mit diplomatischem Geschick. Das heißt, sie machte erst mal einen höflichen Knicks. Die

Eignerin des Dekolleté-Unternehmens knickste aus Spaß ebenfalls, was ihrer Oberabteilung jede Menge statischer Probleme bereitete. Nachdem sich die Wogen wieder geglättet hatten, brachte die Dame aber doch noch eine alte Konservenbüchse zum Vorschein, aus der Dorle zwei Lose herausfischte.

Mit fliegenden Fingern rollten wir das Papier auseinander. «Niete», las uns Fräulein Graul vor und dazu den kleingedruckten Hinweis «Der Verband der Gärtner, Siedler und Kleintierzüchter dankt für Ihre Spende». Aber auf dem zweiten Los stand eine Zahl: Wir hatten die dreißigste Nummer bei der Dekolletéfrau gewonnen.

Das schien auch ihr zu gefallen, denn sie geriet darüber ganz aus dem Häuschen. Ohne Rücksicht auf die Belastbarkeit ihrer Miederwaren sprang sie hinter den Ladentisch und riß wie verrückt an einer Schiffsglocke. Dazu rief sie lauthals, nein, sie schrie *aus voller Brust*: «Und schon wieder ein Hauptgewinn in unserer wunderschönen Geburtstagstombola! Er geht an die Vertreter der jungen Generation!» Nach diesen bewegenden Worten drehte sie uns ihre nicht minder bewegende Rückseite zu, um den Preis zu holen.

Uns lief schon das Wasser im Munde zusammen. Aber die Frau kehrte nicht etwa mit einem Brathähnchen zurück, sondern sie übergab Dorle ein kolossales Stoffschwein. Es steckte in einem lilafarbenen Anzug mit rosa Knöpfen, und rings um den Bauch, dort wo beim tapferen Schneiderlein *Sieben auf einen Streich* steht, trug es eine Banderole:

Flora und Jolanthe meinen
gut geht's allen Küh'n und Schweinen.
Haxe, Wurst und auch Filet
gedeihen in der LPG.

Das war also Jolanthe. Gott sei Dank hatten wir nicht auch noch Flora gewonnen. So hieß Jolanthes Partnerin aus der Produktionsgenossenschaft, eine Stoffkuh von ähnlich beeindruckender Häßlichkeit.

Dorle wurde von Jolanthe fast erdrückt. Deshalb übernahmen

wir Jungs nun eine tragende Rolle bis zu der Berg-und-Tal-Bahn, die am Rand des Festplatzes ihre Runden drehte. Dort mußten wir das Untier erst mal absetzen. Wir wären zwar gern mit der Bahn gefahren, aber eine Beförderung von vier Personen für drei Pfennige, die wir nur noch hatten, war selbst bei den niedrigen sozialistischen Fahrpreisen nicht drin. Darum beschränkten wir uns notgedrungen aufs Zusehen.

«Jetzt aber schnell noch eingestiegen», forderte der Herr über Berge und Täler die Umstehenden per Lautsprecher auf, «wir starten sofort.» Zwei Halbstarke in Texashosen sprangen hastig in eine Gondel, eine Sirene ertönte, und das ganze Monstrum mit seinen vielleicht zehn Insassen setzte sich in Bewegung.

Aus dem Lautsprecher ertönte nun die Stimme von Bärbel Wachholz. Dorle als Sachverständige in Kunstfragen nannte sie nur abfällig Bärbel Krachholz, aber egal, ob nun Wach oder Krach – Frau Holz sang den Schlager *Damals*, und die Bahn kam mächtig in Schwung. Sämtliche Mitfahrer jauchzten vor Vergnügen, was uns ein bißchen neidisch machte. Aber als die hölzerne Sängerin bei der Zeile ankam *Wir waren viel zu jung, um unser Glück zu versteh'n*, fuhr plötzlich ein elektrischer Blitz aus dem Antriebsgehäuse. *Um unser Glück zu ... um unser Glück zu ... um unser Glück zu*, wiederholte die Schlagersängerin etwas einfallslos, während die Bahn immer weiter raste.

Den Fahrgästen verging die Jauchzerei, auch der Steuermann bekam es mit der Angst. Er knipste verzweifelt an sämtlichen Schaltern herum, die er finden konnte – aber ohne Ergebnis, wenn man mal von der Gesichtsfarbe der Berg-und-Tal-Fahrer absah, die langsam, aber sicher von Weiß nach Grün umschlug. Zum Schluß betätigte der Bahnaufseher in seiner Not die Sirene. Aber Bärbel Wachholz ließ sich selbst davon nicht einschüchtern und leierte weiter ihre Lieblingsfloskel herunter – *um unser Glück zu*. Auch die herumsausenden Fahrgäste konnten ihr Glück nicht fassen und machten große runde Augen.

Die ersten von ihnen hatten sich wahrscheinlich schon mit dem Gedanken abgefunden, daß sie noch bis zum nächsten Republiksgeburtstag unterwegs sein würden, als ein Herr die Szene betrat, der von der Bergwacht sein mußte. Er trug einen Filzhut, und die Oberarme quollen bei ihm so prall aus dem Nicki wie anderswo die Bockwürste aus der Füllmaschine. Bärbel Wachholz schleuderte ihm ein weiteres *um unser Glück zu* entgegen, aber er packte beherzt ein dickes Kabel und zottelte so lange daran herum, bis sich irgendwo ein Stecker löste. *Versteeeoouuuhnnn*, gab Frau Wachholz noch von sich, dann ging das Licht aus, und das längste Bergunternehmen seit Golgatha fand seinen Abschluß.

Die erschöpften Gipfelstürmer wurden vom Personal einzeln aus den Gondeln gehoben. Nur der eine von den beiden Halbstarken in Texashosen schaffte es noch selbst, die Treppenstufen hinunterzuwanken, um unten völlig verdattert vor unserem Stoffschwein stehenzubleiben. Ein kurzer Blick auf den lila Anzug mit den rosa Knöpfen genügte, und er mußte augenblicklich brechen. Jolanthe wußte gar nicht, wie ihr geschah. Wir hingegen wußten, daß die Stunde des Abschieds gekommen war. Schon vorher hatte man Jolanthe ja bloß anschauen können, wenn man nach all den schönen Seiten des Lebens mal wieder einen Blick in den Abgrund des Häßlichen tun wollte.

Leise schlichen wir uns davon. Fräulein Graul erkundigte sich natürlich, wo denn unser wundervoller Gewinn geblieben war. Den hätte man doch zu Ehren dieses außergewöhnlichen Tages im Kindergarten aufbewahren können. Aber wir erklärten ihr kurz und bündig, Jolanthe sei einem Bergunglück zum Opfer gefallen, an dem Bärbel Wachholz die Schuld trug. Fräulein Graul hielt es mehr mit der klassischen Musik, weshalb sie wohl Schlagersängern außer dem Gesang noch andere Straftaten zutraute und nicht weiter nachhakte.

Rumpelmännchen weiß Rat

Eine Geburtstagsfeier ohne Brathähnchen schien uns auch Tage später noch immer wie etwas Unvollendetes. Lausi grübelte anderthalb Wochen lang, dann wußte er, was wir tun mußten: Das *Rumpelmännchen* würde uns helfen. Oder genauer gesagt, wir würden ihm helfen. Das Rumpelmännchen war nämlich die Symbolfigur des staatlichen Gerümpelhandels und als solche der bedeutendste Sammler von Glas und Altpapier, den die sozialistische Welt hervorgebracht hatte. Es konnte wirklich jeden Schrott gebrauchen, denn für den ganzen alten Abfall fand sich bei ihm noch eine neue Verwendung. Als «volkswirtschaftlich hochwertiger Sekundärrohstoff», wie uns Sputnik unterrichtete. War ja auch irgendwie einleuchtend – die neue Zeit zum Beispiel wurde schließlich auch vorwiegend mit alten Leuten aufgebaut. Schließlich hatte man das gesamte Personal von früher nicht einfach weggeschmissen, es funktionierte doch noch prima. Wie ein gesellschaftlicher Sekundärrohstoff sozusagen.

Für die alten Flaschen gab es fünf Pfennig pro Stück, und Lausi hatte ausgerechnet, daß wir ungefähr vierhundert davon brauchten, um eine Runde Brathähnchen für uns alle zu finanzieren. Das würde schwierig werden, denn mehr als eine pro Tag schaffte nicht mal unser Hausmeister im Kindergarten.

«Vielleicht sollten wir mal im Einmachkeller nachsehen», regte Dorle an. Das war ein toller Einfall, denn das Rumpelmännchen nahm natürlich auch Gläser, woran im Einmachkeller unseres Hauses der schiere Überfluß herrschte. Möglichst unauffällig schlichen wir die Treppe hinunter, dann standen wir ehrfürchtig staunend vor den Regalen mit den glänzenden Weckgläsern. Leider waren alle voll. Unter Anleitung von Frau Tismer hatten unsere Mütter im letzten Herbst tagelang jedes Gewächs eingekocht, das leichtsinnig genug gewesen war, dem Garten zu entsprießen. Mit all den Konserven war unsere Versorgung auf einem *Niewo* gesichert, um das uns jeder westzonale Spaltergarten beneidet hätte.

Allerdings schloß das Niewo auch eine ordentliche Ladung Spinat ein, wie wir sahen. «Aber Eisen stärkt doch die Abwehrkräfte», barmte Sputnik, der schon ahnte, was uns durch den Kopf ging. Trotzdem – beim Spinat wehrten wir uns dagegen, daß das Sein das Bewußtsein bestimmen sollte. «Bloß weg mit dem Zeug», rümpfte Lausi die Nase. Ohne irgendeinen sentimentalen Gedanken an die Volksgesundheit zu verschwenden, zogen wir an den Weckgummis, bis es zischte. Ein abscheulicher Gestank durchwaberte augenblicklich die Einweckgrotte. Kurz bevor wir ohnmächtig wurden, gelang es uns mit letzter Kraft, das ganze Elend im Ausguß der Waschküche herunterzuspülen. Geschafft, wir hatten zwanzig Gläser «½ L VEB Fried-Glas» zur Verfügung.

Einmal fündig geworden, kannte unser Elan nun kein Halten mehr. Der Gemeinschaftsdachboden in Sputniks Haus war das nächste Ziel. Mit der Ordnung stand es dort nicht zum besten, und wir mußten erst mal tüchtig umräumen. Ganz vorn rostete ein Fahrrad von *Awtowelo* aus Suhl vor sich hin, mit dem zuletzt wahrscheinlich die Jäger und Sammler im Neandertal ihren Geschäften nachgegangen waren. Lausi legte eine Kiste aus rohem Holz frei, die drei Gipseier, sechzig Reichspfennige und ein Riesenleibchen enthielt. «Das heißt Hüfthalter», klärte uns Dorle auf. «Ist aber ganz altmodisch und nicht aus *Dederon*.» Sieh mal an, dachten wir, was man als Künstler alles lernen muß. Apropos: Sogar ein Ölgemälde gehörte zu dem Fundus. Es zeigte einen schnauzbärtigen Mann am Rande eines wogenden Getreidefeldes. Den kannte ich seit meiner Geburt. «Stalin, auf dich schauen wir voll Vertrauen», lautete die Unterschrift. Ganz so vertrauenerweckend sah der Mann Stalin aber gar nicht aus, denn seine weiße Jacke war von oben bis unten beschmiert. Aber egal, ob er nun eine reine Weste hatte oder nicht, fürs Rumpelmännchen war er nutzlos, wie auch der ganze andere Kram.

Wir wollten schon enttäuscht wieder abziehen, als uns in der hintersten Ecke zwei dicke Papierstapel ins Auge fielen. Sie waren mit irgendwelchen Mitteilungen bedruckt, die wir nicht verstanden. Aber viel mehr als die Geheimnisse des Schrifttums zählte ohnehin das Gewicht. «Zehn Kilo mindestens.» Lausi geriet aus dem Häuschen. «Das bringt was.» In Windeseile hatten wir die beiden Zettelpacken geborgen. Stachanow war eine Schnecke gegen uns.

Um den Beutezug mit einem krönenden Abschluß zu versehen, klopften wir jetzt noch an Onkel Draches Tür. Wir wußten, daß er ein Steckenpferd ritt, das auch für das Rumpelmännchen von Interesse war. Onkel Drache beschäftigte sich nämlich mit der Zubereitung von Obst- und Beerenwein, und das ließ Rückschlüsse auf Flaschenvorräte zu. Lausi sollte in einem unbeobachteten Augenblick möglichst viel davon beiseite schaffen, während wir den Onkel ablenkten – so war es verabredet. Und das Vorhaben schien auch zu gelingen.

«Was lernen wollt ihr? Wie Wein gemacht wird?» Onkel Drache stand gähnend, gleichwohl aber auch argwöhnisch in der Tür und strich sich die strubbeligen Haare mit Spucke glatt. «Na, dann kommt rein.»

Das Wohnzimmer sah aus wie eine Alchimistenküche. Überall standen bauchige Gefäße herum, und merkwürdig gefärbte Flüssigkeiten flossen durch noch viel merkwürdiger geformte Leitungen. Dazu roch es nach undicht gewordenem Dackel, vor allem aber gluckste es pausenlos.

«Die stürmische Gärung», gab Onkel Drache bekannt. «Und zwar bei schwerem Weinling.»

Wir nickten so bedeutungsschwer, wie es dem Weinling angemessen schien, und hofften, daß Lausi, der sich als Späher von uns getrennt hatte, bald ins Flaschenlager vorstieß.

«Man muß immer aufpassen», fuhr Onkel Drache fort.

«Genau», pflichtete ihm Sputnik etwas scheinheilig bei, «sonst passiert bloß was.»

«Sonst mäuselt er womöglich.» Onkel Drache unterdrückte ein Gähnen. «Ist eine Begleiterscheinung des Milchsäurestichs.»

Mein Gott, durchzuckte es uns, so weit war es also schon gekommen, daß man außer den Bonner Ultras auch noch die Milch im Auge behalten mußte.

«Kann ebensogut sein, daß er böcksert.» Onkel Drache machte eine wegwerfende Handbewegung, die erkennen ließ, daß der revolutionäre Weinbauer sich selbst von solch unaussprechlichen Heimsuchungen nicht abschrecken ließ. «Liegt am organischen Schwefel. Da nimmt man ein Gramm *Onewe* auf fünf Liter.»

«Manchmal wird er auch kahmig oder er mufft.» Draußen gab es einen dumpfen Schlag, der darauf hindeutete, daß unser Kundschafter zwar das ausersehene Objekt erreicht, aber zugleich auch irgendwie mit Schwierigkeiten zu kämpfen hatte. «Schleimbildung ist ebenfalls möglich», gluckerte Onkel Drache jetzt schneller als seine Weinbehälter. Er war über die vielen denkbaren Feinde der Gärung so in Fahrt geraten, daß er gar nicht mitbekam, welche tatsächliche Gefahr hier im Augenblick drohte, wo doch der Hauptfeind schon im Flaschenmagazin stand.

«Albert, da ist wer!» tönte es aus dem Korridor. Das war Tante Drache, die normalerweise ganztags im Eßzimmer verwahrt wurde, weil sie glaubte, das Tageslicht schade ihrem *Täng*.

«Sind nur die Kinder», rief Onkel Drache zurück, «ich lerne sie was.»

Wir fanden allerdings, daß er uns für heute genug gelernt hatte.

«Die Bitterkeit», nahm Onkel Drache seinen Faden unbeirrt wieder auf, «ist eine Folge des überhöhten Gehalts an Gerbsäure oder auch Tannin.»

«Danke schön», sagte Dorle an dieser Stelle vorsichtig, denn wir wollten ja ohne Bitterkeit scheiden.

Der Onkel machte aber keinen Anstalten, uns zu verabschieden. «Eine Essiginfektion wird durch Pasteurisieren und leichte Einschwefelung bekämpft.»

Das hatten wir nun davon. Die moderne Bildung forderte den ganzen Menschen – wenn sie erst mal jemanden in ihre Klauen bekam, ließ sie ihn nicht mehr los. «Wir werden uns alles merken», keuchte Sputnik verzweifelt und zog uns nach hinten aus der Tür.

«Die Umgärung erfolgt laut Hefetabelle», rief uns Onkel Drache noch abschließend hinterher.

Draußen hinter dem Haus fanden wir Lausi, der ähnlich geschafft aussah wie wir. Auf der Stirn hatte er eine riesige blaurote
Beule. Beim Herumangeln im oberen Regalfach war ihm der
Dampfentsafter auf den Kopf gefallen. Aber trotz seiner schweren
Verwundung hatte er heldenhaft mehrere Dutzend leere Flaschen
durchs Fenster auf den Rasen im Hof geworfen. Dafür sprachen
wir ihm im Namen des Kollektivs Dank und Anerkennung aus.
Anschließend wurde noch festgelegt, daß wir morgen nachmittag
endlich unsere gesammelten Werke dem Rumpelmännchen übergeben würden. Schließlich mußten Lausis selbstlose Kopfarbeit
und unser hoher Wissensstand über den Weinling ja mal irgendeinen Nutzen abwerfen.

Das Rumpelmännchen war am Dorfrand in einem schönen,
standesgemäßen Quartier untergekommen. Es handelte sich um
ein Haus, von dem *die anglo-amerikanischen Bomber* im letzten
Krieg nur noch das Erdgeschoß übriggelassen hatten. Wenn man
mal von Fitzenkötters Tierfolterkeller absah, gab es bei uns eigentlich nichts, was es wert gewesen wäre, bombardiert zu werden. Deshalb vermuteten wir, der vorsitzende Anglo-Amerikaner
hatte damals bloß unerwartet das Signal zum Feierabend gegeben. Und da wollten die Flieger keine alten Bomben mit nach
Hause bringen, so wie wir keine alten Stullen aus dem Kindergarten mitbringen durften. Über dem einen Haus hatten sie dann
kurzerhand alles abgeschmissen, was noch da war, damit sie ja
pünktlich zum Abendbrot nach Anglo-Amerika kamen.

Das Rumpelmännchen, oder besser gesagt seine Vertreterin,
hatte es sich in den Resten des Gebäudes recht gemütlich gemacht. Die Frau sah ähnlich vergilbt aus wie ihre Umgebung, und
man konnte auch sonst kaum unterscheiden, was an diesem Ort
Trümmer waren und was edle Rohstoffe. Aber darin bestand vielleicht das Wesen der Wiederverwertung, und die Frau Rumpelmännchen ließ sich am Ende gar zu einer strahlenden Königs-
tochter umarbeiten wie die berühmte Schauspielerin Christel
Bodenstein.

Erfüllt von solch frohen Hoffnungen, breiteten wir die Früchte unserer Arbeit vor ihr auf einer Art Küchentisch aus. Mit geübtem Blick musterte sie die Gläser und Flaschen, um dann anerkennend festzustellen: «Sehr schön sauber!»

Leider würden wir das Kompliment weder an unsere einwekkenden Mütter noch an den stürmisch gärenden Onkel Drache weitergeben können. Aber vielleicht fand die Frau ja auch noch ein paar nette Worte über unsere Papierstapel.

Sie hatte bereits einen davon hochgehoben, um ihn auf ihre imponierende *Rapido-Waage* mit dem Kreiselzeiger zu knallen, aber mitten in der Bewegung hielt sie inne und setzte ihn wieder ab. Dann zog sie langsam den obersten Zettel aus dem Packen, überflog ein paar Zeilen und wurde weiß wie der Magerquark, der bei uns in einem Tropfbeutel am Küchenausguß hing. «Wo habt ihr denn das her?» fragte sie flüsternd und äugte mißtrauisch zur Tür.

«Vom Dachboden», antworteten wir wahrheitsgemäß, denn in diesem Falle gab es ja nichts zu verbergen. Dachten wir.

«Ja, wißt ihr denn gar nicht, was da draufsteht?» erkundigte sich die Rumpelfrau, ohne zu merken, daß sie das sozialistische Bildungswesen überschätzte.

«Zählen geht nur bis zehn, und Sätze können wir nur ganz einfache», stellte Sputnik die Sachlage klar. Es klang, als wenn Heinz Florian Oertel das Berufsbild des Sportreporters beschreibt.

Die Frau hatte ein Einsehen, reduzierte aber ihre Lautstärke noch weiter. «Nieder mit der Sklaverei in der Sowjetzone!» las sie uns so leise vor, daß man hören konnte, wie die Flöhe nebenan in der Lumpenabteilung Weitsprung übten. «Weg mit den roten Bonzen! Arbeitet langsam! Geht nicht zu den Scheinwahlen!» Sie schüttelte ungläubig den Kopf und tippte auf das kratzige Papier mit den großen, kantigen Buchstaben. «Das sind Flugblätter. Die könnt ihr gar nicht wieder mitnehmen.»

Eigentlich hatten wir das ja auch nicht vorgehabt.

«Fünfzehn Kilo», sagte sie plötzlich laut, denn hinter uns ging die Tür auf, und ein altes Ehepaar kam hereingeschlurft. Blitzschnell warf Frau Rumpelmännchen unsere Packen in den Rachen einer großen Maschine, die sämtliche Zettel zwischen ihren metallischen Kiefern zermalmte. Wir fanden, das war ein bißchen voreilig, aber jedes Material ließ sich wohl doch nicht aufarbeiten. Und das Rumpelmännchen hatte vielleicht auch seine Richtlinien, die es beachten mußte. Da hieß es womöglich: Nur die richtige Ideologie schafft den richtigen Müll.

Auf jeden Fall war sie nicht knickrig. Sputnik bekam allerhand Geld in die Hand gedrückt, und wir nahmen erfreut zur Kenntnis, daß da nicht bloß die üblichen Aluminiummünzen voller Ährengarben und Zahnräder klimperten, sondern auch ein paar Markscheine raschelten. Ja, es kam sogar noch schöner: Die Frau griff in einen alten Windelkarton und holte daraus einen ganzen Stapel Abziehbilder hervor. Sie zeigten Szenen aus Rumpelmännchens kampferfülltem Leben für den Altstoff. Außerdem bekam jeder von uns noch eine Handvoll kleiner Zootiere aus einem Plastestoff, der überall nur Bakelit hieß, obwohl keiner genau wußte, was das war.

Reich belohnt zogen wir also von dannen. Trotz allem waren wir gesellschaftlich nützlich gewesen. Ein bißchen wurmte es uns aber doch, daß wir solche wichtigen Dokumente noch nicht selbst studieren konnten. Beinahe hätten wir darüber sogar unser großes Ziel vergessen, aber Lausis Magen knurrte so laut, daß es uns wieder einfiel: das Brathähnchen.

Wie es sich gehörte, war auch unser geliebter Vogel in seiner Entwicklung nicht stehengeblieben. Er hatte sich aus der Abhängigkeit des privaten Fleischerhandwerks gelöst und stand nunmehr als Volksnahrungsmittel auch an einem HO-Kiosk zur Verfügung. Im weiteren Angebot hatten sich dort noch «Bockwurst à 0,80 DM» sowie «Brot mit Mostrich à 0,05 DM» versammelt, woran man unter anderem sehen konnte, was für mächtige Verbündete die Befreiung aus den alten Produktionsverhältnissen doch so alles anzog. Auf dem Dach der Bude wehte ein Spruchband: «Neue Zuchtmethoden für einen Überfluß an landwirtschaftlichen Produkten». Klang sehr appetitanregend.

Zwei Mark pro Huhn wurden verlangt. Das schien uns nicht

übertrieben teuer, und deshalb sahen wir auch großzügig darüber hinweg, daß der Verkäufer unter Schnupfen litt. Jedesmal bevor er irgendwas aus seinem Verschlag herausreichte, wischte er sich die Nase an den Ärmeln seines Kittels ab. Und damit die Ärmel wiederum nicht zu feucht wurden, rieb er sie in regelmäßigen Abständen am Rücken des Kleidungsstücks. Eine Auszeichnung als *Bereich der vorbildlichen Hygiene* hätte er dafür bestimmt nicht bekommen, aber fürs Sportabzeichen in Bronze waren seine akrobatischen Verrenkungen mindestens gut.

Sputnik bezahlte bei dem gelenkigen Mann unsere Bestellung und verteilte anschließend die Pappteller. Sie waren nicht sehr voll, um es höflich auszudrücken. Entweder waren die Hähnchen beim Braten eingelaufen oder die neuen Zuchtmethoden schrieben zur gesunden Ernährung des Federviehs eine strenge Diät vor. Aber beklagen wollten wir uns dann doch nicht.

«Habt ihr eigentlich schon eure Briefe?» fragte Dorle, um uns ein bißchen aufzumuntern.

«Wap für Bwiefe?» erwiderte Lausi mit vollem Mund.

«Na, von der Abteilung Volksbildung. Am ersten September ist Einschulung, Leute.»

Uns wäre um ein Haar der Bratsperling runtergefallen. Die neuen Bildungsmethoden für einen Überfluß an Wissen nahten! Eilig schoben wir unsere Mahlzeit hinunter und nutzten noch schnell die Erfahrungen der Besten. Das heißt, wir rieben uns die glänzenden Finger auf dem Rücken sauber, so wie es der bahnbrechende Verkäufer vorgemacht hatte. Dann mußten wir aber erst mal nach Hause, um den Posteingang zu kontrollieren.

Dorle hatte recht gehabt. Auf dem Wohnzimmertisch lag ein Schreiben, in dem von Amts wegen angefragt wurde, ob wir *Pausenmilch* wünschten und an der *Schulspeisung* teilzunehmen gedächten. Eine Speise- und Getränkekarte war leider nicht beigelegt, aber wir sagten trotzdem zu. Man konnte sich ja nicht einfach aus der modernen Volksbeköstigung ausschließen, bloß weil der Menüplan wegen des Klassenkampfs geheimgehalten werden mußte.

Wie Gagarin uns das Leben rettete

Unsere Mutter hatte noch eine ganz andere kämpferische Idee: Sie wollte uns unbedingt zum Sieger in dem Wettbewerb *Schlechtestgekleideter Schulanfänger seit Beginn der Zeitrechnung* machen. Deshalb schaffte sie eine kratzige Joppe mit Fischgrätmuster an und dazu ein Samtband als Schlips. Seine Vollendung erfuhr dieses Ensemble des Entsetzens durch ein Paar graugrüne Hosen, deren gleichermaßen unegale wie eiserne Bügelfalten die Nationale Volksarmee durch mehrfaches Überrollen mit einem Schützenpanzerwagen geschaffen haben mußte. Mit diesem Aufzug mußte der Ausbruch einer Massenpanik befürchtet werden, sobald wir auftauchten.

Der erste September kam, und wir versteckten uns, so gut es ging, hinter unserer Schultüte, um die Gefahr für unbeteiligte Werktätige möglichst gering zu halten. Aber diese Vorsichtsmaßnahme erwies sich als überflüssig. Die anderen Mitglieder unseres Kollektivs sahen keinen Deut besser aus als wir: Der arme Lausi zum Beispiel war klatschnaß, denn er steckte trotz des milden Herbsttages in einem dicken Wollmantel. Dorle dagegen war einem Pepitakleid zum Opfer gefallen, dessen Vorderseite wegen des Fehlens anderer Kennzeichen von einer Doppelreihe gigantischer Holzknöpfe markiert wurde. Für deren Anfertigung hatten wohl die Forstarbeiter gestern noch in einer Sonderschicht den halben Thüringer Wald gefällt. Sputnik schließlich kämpfte unablässig mit seinen neuen Hosenträgern der Marke *Herkules*: entweder rutschten sie ihm von den Schultern, oder wenn sie nicht rutschten, zog unten die Hose Hochwasser. Es war einfach schauderhaft, denn aus allen Seitenstraßen quollen ähnliche Gespenster. Wir sahen aus wie der Lumpenball im Deutschen Modeinstitut.

Bloß gut, daß uns nicht viel Zeit zum Ärgern blieb. Das Schulgebäude zog schon von weitem die Blicke auf sich. Links und rechts seiner großen Eingangstreppe standen zwei steinerne Männer. Der eine hielt ein Buch fest und der andere eine Keule. Ihre

Botschaft war klar: Wer hier die Literatur nicht ordentlich studiert, bekommt eins auf den Deckel.

Vorher bekamen wir aber von einem pickligen älteren Schüler erst mal den Weg gewiesen, und der führte schnurstracks wieder hinaus auf den Hof. Dort erwarteten uns schon alle Freunde des Hauses zu einer heiteren Vorführung, die den Titel *Appell* trug. Wir lernten dabei auch gleich was Neues, denn hier grüßte man sich nicht mehr einfach mit «Guten Tag». Statt dessen trat ein nervöser Mann vor die Reihen, dem unentwegt die Augenlider zuckten. Er sah aus, als wollte er immer allen ganz im Vertrauen zublinzeln. Aber um diesen leutseligen Eindruck zu entkräften, verlangte er besonders zackig «Seid bereit!»

«Immabreit», versicherte ihm der gesamte Haufen im Chor.

«Die Jungpioniere», sagte Lausi bewundernd und wischte sich den Schweiß vom Gesicht. «Die ham ein Pionierhemd und nich so 'n Scheißmantel.»

Diesem Argument ließ sich kaum widersprechen. Wir brauchten uns nur gegenseitig anzusehen und waren quasi schon von selbst Pionierfreunde. Nur einmal kamen noch kurz Bedenken auf, als dieses seltsame Lied angestimmt wurde. Es hieß *Werft, Pioniere, Brand in die Nächte*, obwohl doch überall Schilder hingen «Rauchen und Umgang mit offenem Feuer polizeilich streng verboten». Doch zur Klärung solch brennender Fragen war jetzt keine Gelegenheit, denn der nervöse Mann da vorne stellte sich gerade als Herr Direktor Staubesack vor. Er hielt eine ziemlich lange Rede über die Wichtigkeit der polytechnischen Bildung, die schmackhafte Pausenverpflegung und den frisch gemalerten Essensraum. Eventuelle Zusammenhänge zwischen den beiden letzten Positionen wurden uns nicht ganz deutlich.

Dafür erklärte der Direktor zum Schluß noch, daß Fräulein Grauls bewährte Freundin aus dem Kindergarten, die Ordnung, hier eine Halbschwester hatte. Sie hieß Einordnung und sollte uns dabei helfen, schnell unseren Platz im Klassenverband zu finden. Der Satz löste bei uns die Befürchtung aus, daß vielleicht nicht genug Stühle für alle da waren und gleich anschließend ein heilloses

51

Geschubse einsetzen würde. Aber die Einordnung hatte alles bestens im Griff. Der nervöse Herr Staubesack blinzelte noch einmal so intensiv in die Runde, daß allen die Augen tränten, dann war der Appell beendet und wir durften in unsere Räumlichkeiten abrücken.

Stühle gab es dort genug, wie überhaupt jede Menge Platz. Das Klassenzimmer hatte die Größe einer mittleren Bahnhofshalle, und auch der Erhaltungszustand des Inventars wirkte so, als ob hier jeden Tag mehrere tausend Fernreisende mit Kisten und Koffern in ihren Anschlußzug nach Wladiwostok umstiegen. Die Wände waren bis in Kopfhöhe mit dunkelgrüner Paneelfarbe gestrichen, die jedoch schon wieder abblätterte, und an der himmelhohen Decke hingen vier weiße Glaskugeln. Sie sollten wohl eigentlich Lampen sein, dienten in Wirklichkeit aber als staatlicher Fliegenfriedhof. Außerdem hatte eins der vier Fenster Sprünge und das untere Türblatt fehlte, ansonsten aber war alles prima.

An der Tafel stand zum Beispiel die Aufforderung *Lernen, lernen, nochmals lernen*. Das brachte gleich Heimeligkeit in den Wartesaal, denn sie war der Feder des Elektrikers Lenin entflossen, mit dem wir ja schon auf dem Volksfest soviel Frohsinn gestiftet hatten. Auf der Bank wiederum, wo wir zum Sitzen kamen, hatte ein fleißiger Schüler vor uns die Worte «Du Asch» eingeritzt. Und zwar nicht ohne später noch das fehlende «r» einzufügen, wie wir anerkennend feststellten.

Für heute sah der Ablaufplan leider nur noch die Ausgabe der Werke «Lesen und Lernen» sowie «1 bis 100» vor, danach war schon wieder Schluß. Das heißt nicht ganz, denn am Abend feierte bei uns noch die komplette Hausgemeinschaft Einschulung. Wir selbst waren allerdings nicht geladen, weil Schüler komischerweise auch damals schon immer ins Bett mußten, wenn es interessant wurde. Aber in diesem Fall war das vielleicht ausnahmsweise sogar mal gut, wie man dem Rechenschaftsbericht unserer Eltern am nächsten Morgen entnehmen konnte. Onkel Drache, so hieß es da, habe zwar den Weinling pünktlich zur

Schulreife gebracht, aber die Flaschen seien durch irgendeinen unerkannten Wirtschaftssaboteur entwendet worden. Und bei dem schwierigen Eingießen direkt aus dem Gärballon in die Gläser hatte es nicht unbeträchtliche Materialschäden an Tischdekken, Hemdsärmeln und vor allem an den guten Kamelhaarhausschuhen gegeben. Angesichts dieser Umstände zogen wir es lieber vor, Geheimnisträger zu bleiben, denn nicht jedes Wissen war für die Öffentlichkeit geeignet.

Als erstes wollten wir natürlich Lesen lernen. Für diese schöne Fertigkeit zeichnete Herr Töselborn verantwortlich. Er war unser Klassenlehrer, zählte rund dreihundert Jahre und führte den Beinamen «Der Mond». Diesen verdankte er seiner Glatze, die so intensiv glänzte, als wenn er sie jeden Morgen extra mit *Domal-Möbelpolitur hell* einrieb. Aber der Mond war nicht nur der kahlste Lehrer des gesamten sozialistischen Lagers, sondern auch noch der langsamste. Bevor er seinen Sitzplatz erreicht hatte, war schon immer die halbe Stunde rum.

«Eeeemiiiil maaaalee», dozierte der Mond zum Beispiel mit nervenzerfetzender Dehnung. Oder er setzte die geheimnisvolle Nachricht «Mooooniii aaan Iiiinaaa» ab. Wenn Doktor Sorge in diesem Tempo aus Tokio gefunkt hätte, wäre der ganze Weltkrieg bei der zweiten Silbe schon vorbei gewesen.

Aber egal, in unsere Klasse gingen sowieso weder Emil noch Moni & Partnerin. Deshalb hörte dem Mond schon nach der dritten Stunde kein Mensch mehr zu. Und während er sich vorne noch laut Lehrplan wunderte: «Naaanuuu, naaanuuu, meiiinc Naaase», nahmen wir hinten das Lesen selbst in die Hand.

Unser Banknachbar Lausi hatte zu diesem Zweck ein eigenes Lehrbuch mitgebracht. Es hieß *Mosaik* und war eigentlich eine Zeitschrift mit lauter Bildern von dem Verdienten Meister der Farbe Hannes Hegen. Man konnte damit prima lesen lernen, denn die Hauptfiguren nannten sich Dig, Dag und Digedag. Ihnen war es zu danken, daß wir die Buchstaben D und G schon lange kannten, bevor der Mond sich Wochen später endlich bis zu ihnen durchgedehnt hatte. Unsere Unterrichtsform strengte körperlich zwar an, weil wir immer halb unter die Bank kriechen mußten, aber wenn es um allseitige Bildung ging, durfte man sich nicht schonen. Außerdem war das richtige Lesebuch nicht halb so spannend wie das *Mosaik*. «Wo war Uwe?» kam beim besten Willen nicht gegen die ungleich dramatischere Frage an: Wo war Digedag? Den hatten nämlich irgendwelche außerirdischen Organe abgeholt, und seine hinterbliebenen Freunde Dig und Dag mußten nun den ganzen Kosmos nach ihm absuchen. Jeden Monat war ein anderer Planet dran, und es wäre uns ganz schön schwergefallen, immer eine Mark pro Heft für die Weiterreise aufzutreiben, wenn Lausi sich nicht als genialer Tauscher erwiesen hätte. Er opferte fast seinen gesamten Besitz, das heißt zwei kaum benutzte Kämme, einen von Erblindung bedrohten Taschenspiegel mit dem Aufdruck *Decenta Kosmetik*, diverse gefundene Stahlnägel sowie den druckfrischen *Rahmenkollektivvertrag Tabakindustrie* von Vater Peschke. Es gab so gut wie nichts, was seine *Mosaik*-Lieferanten aus der vierten Klasse nicht gebrauchen konnten. Der größte Renner waren gedörrte Kaulquappen, die Lausi persönlich aus einem Tümpel hinter dem Haus gefischt und dann im Taschentuch getrocknet hatte.

Eines Tages war gerade wieder ein neues Heft eingetroffen, und wir fingen sofort an zu lesen. Rings um uns in der Klasse herrschte tiefe Vormittagsstille, nur die Fliegen brummten in den Friedhofslampen, und der Mond brachte sich vorne mit dem seltsamen Satz «Alle ruhen aus, wau, wau, wau» gerade selbst den ersten Doppellaut bei. Plötzlich aber flog mit lautem Knall die Tür auf, und Direktor Staubesack stürmte in die Wartehalle. Wenn er das immer so schwungvoll machte, war ziemlich klar, wer das fehlende untere Türblatt auf dem Kerbholz hatte.

«Kinder», eröffnete er uns blinzelnd, «ihr wißt ja, daß es Menschen gibt, denen es nicht gefällt, wie wir hier friedlich lernen.»

Wir nickten und überlegten, ob er vielleicht draußen vor der Schule zufällig einen *Kriegstreiber vom Rhein* dingfest gemacht hatte, den er uns gleich vorführen wollte.

«Tja, und deshalb drucken sie bestimmte Bücher und Zeitschriften, die uns davon abhalten sollen. Solche Machwerke nennt man Schund- und Schmutzliteratur.»

Einen Moment lang schoß uns der quälende Gedanke durch den Kopf, ob vielleicht auch der *Mosaik*-Schöpfer Hannes Hegen seine Leser verschundete und beschmutzte, ohne daß wir es gemerkt hatten. Aber Lausi blieb völlig ruhig; er schien ein reines Gewissen zu haben.

«Und weil manche Kinder so etwas in die Schule mitbringen», fuhr der Direktor fort, «wollen wir jetzt mal alle Mappen kontrollieren.» Damit baute er sich in der ersten Reihe auf und ließ sämtliche Taschen auf den Tisch entleeren. Der Mond sah ihm mißlaunig vom Lehrertisch aus zu. Wahrscheinlich ärgerte er sich, daß der Satz «Oh, so feine Sachen!» erst kurz vor Weihnachten dran war.

Es dauerte eine Weile, bis die Kontrollwelle unsere Bank erreichte. Lausi hatte von seiner Tauschaktion noch allerhand Reste übrigbehalten: Als er seine Mappe umstülpte, kullerte der Inhalt eines halben Konsum-Kaufhauses heraus. Das *Mosaik* fiel in dieser Gemischtwarenhandlung gar nicht mehr auf. Für einen Augenblick vergaß der Direktor, daß er Atheist war, und sagte entgeistert: «O Gott o Gott.»

Aber Lausi ließ sich weder durch solch abrupte Wechsel der Weltanschauung noch durch eine Fünf in Ordnung verwirren, die ihm der Staubesack postwendend verpaßte. Voller Gelassenheit packte er sein Warendepot wieder ein, und nachdem der Direktor wieder davongezogen war, um weitere zersetzende Schundliteratur aufzuspüren, flüsterte er uns nur ins Ohr: «Keine Ahnung vom Handel, der Mann!»

Unser *Mosaik* hatte jedenfalls die Sauberkeitsprüfung bestanden, und wir drangen mit seiner Hilfe weiter ins Reich des Schrifttums vor. Aber die Schule ließ uns nicht in Ruhe. Sie wollte nicht nur unseren Kopf, sondern auch den Körper. Für den war Frau Rempow zuständig, die Sportlehrerin. Sie unterhielt dafür auf dem Hof einen eigenen Zwinger, zur Tarnung Turnhalle genannt, der in Wirklichkeit aber eine einzige riesige

Ansammlung von Marterwerkzeugen war. Es wimmelte dort von Seilen, Stangen und lederbespannten Apparaten, die der besseren Unüberwindbarkeit willen auch noch höhen- und längenverstellbar waren. In der Luft hing der Schweiß von Generationen abgestürzter Schüler, und die Heizung arbeitete so schwach, daß man augenblicklich zu zittern anfing, wenn man diesen Vorhof der Hölle, zu allem Überfluß entblößt bis auf Turnhose und Unterhemd, betrat.

Frau Rempow war übrigens nicht gerade ein überzeugender Werbeträger für Leibesertüchtigung: Zum einen hatte sie dort, wo bei uns die Lippen saßen, eine fest angewachsene Trillerpfeife, die erheblich beim Sprechen störte. Und zum anderen war bei ihr die Haut komplett durch einen blauen Gummianzug ersetzt, ohne den sie noch nicht mal die hochbetagten Schüler aus der zehnten Klasse jemals zu Gesicht bekommen hatten.

«Wir beginnen den – fiep – Sportunterricht mit einem dreifachen Piepselpiep», tönte es aus der blauen Frau ebenso schallend wie rätselhaft. «Sport frei pieps», fügte sie dann aber noch hinzu, als sie unsere fragenden Gesichter sah.

«Sportfreisportfreisportfrei», taten wir ihr müde den Gefallen. Es hörte sich an wie das Alexandrow-Ensemble kurz vor der Vollnarkose.

«Heute Stationsbetrieb», gab Frau Rempow ausnahmsweise trillerfrei bekannt. Na, wir hatten es doch geahnt: der große Jammer in mehreren Erscheinungsformen.

«Wir bilden – piepiepiep – Riegen.»

Auch das noch, unser Kollektiv wurde zerrissen! Traurig mußten wir zusehen, wie es jeden von uns in einen anderen Winkel verschlug.

Lausi wurde als erstes zu Frondiensten an den Matten abkommandiert, jenem Haufen unförmiger blankgeriebener Gebilde, die irgendwie abpolstern sollten, was uns an Unfällen bevorstand. Gemeinsam mit drei Leidensgenossen bemühte sich unser Freund verzweifelt, eine der Matten vom Stapel herunterzuziehen. Aber er war zu klein und zu rundlich, weshalb er wegrutschte und gleich von der Matte begraben wurde, ohne daß wir noch Gelegenheit für ein kurzes Wort der Trauer gehabt hätten.

Sputnik erging es nicht viel besser: Mit ein paar anderen Unglücklichen war er beauftragt, sich im Kastensprung zu üben. Da er jedoch in der Startphase nicht genug Höhe gewonnen hatte, prallte er frontal gegen das Hindernis, wurde zurückgeworfen und riß dabei seine halbe Riege mit zu Boden.

«Und immer schön piepflott», war alles, was Frau Rempow als Kommentar zu diesem umwerfenden Sportereignis einfiel. Viel Zeit, sich etwas Originelleres zu überlegen, hatte sie aber auch nicht, denn sie versuchte gerade, den scheintoten Lausi unter seiner Matte zu exhumieren.

Von oben sah es überhaupt aus, als ob mehr Kinder lagen als turnten. Wir konnten das beurteilen, denn man hatte uns an die Kletterstange beordert. Leider erwies sich das Ding als dermaßen kalt und glitschig, daß wir schon beim dritten Armzug die Haftung verloren und von lautem Quietschen begleitet wieder nach unten rutschten. Der Eintritt in die dichteren Luftschichten ging mit einer starken Überhitzung unserer Handflächen einher, und die außerplanmäßige Landung war durch das Fehlen der Matte, unter welcher Lausi ruhte, denkbar heftig.

Immerhin hatten wir bei unserem Abstieg noch aus dem Augenwinkel beobachten können, wie sich Dorle beim Versuch einer Rolle vorwärts ordentlich den Kopf stieß. Das tat zwar weh, war aber aus Gründen der Gleichberechtigung korrekt. In Frau Rempow erwachte trotzdem so etwas wie Mitgefühl unter Geschlechtsgenossinnen. Sie ließ von dem notdürftig wiederbelebten Lausi ab und rannte hinüber zu Dorle, um ihr die vorschriftsmäßige Ausführung einer Rolle zu demonstrieren. Mit elastisch wippenden Knien und weit vorgestreckten Armen drückte sie sich vom Boden ab, als sich mitten in der schönsten Flugphase aus irgendwelchen unsichtbaren Hosentaschen lauter bunte Papierschnipsel entluden, die kreuz und quer durch die Halle segelten. Auweia – das war ja Westgeld! Frau Rempow landete unsanft inmitten ihrer nichtsozialistischen Banknoten, wo sie verdutzt liegenblieb. Damit war nun auch noch die letzte Aktivistin der Sportbewegung niedergestreckt. Zu allem Überfluß polterte in diesem Augenblick, schwungvoll wie immer, Direktor Staubesack zur Tür herein. Welche Art von Veranstaltung stand denn nun schon wieder in seinem Kalender «Razzien für das ganze Schuljahr»?

«Kinder, heute ist ein ganz besonderer Tag», rief er in die Stille des Leichenschauhauses. Wir gaben ihm innerlich recht.

«Juri Gagarin ist geflogen.» Er machte eine Pause, um die Wirkung seiner Worte zu testen, aber niemand sagte etwas.

Gagarin? Geflogen? Hatte unsere sowjetische Partnerschule endlich ihren größten Flegel rausgeworfen?

«Der erste Mensch der Welt hat heute erfolgreich mit dem Raumschiff Wostok 1 die Erde umrundet. Es ist unser Freund und Genosse Juri Aleksejewitsch Gagarin.»

Wir konnten ihm bloß wünschen, daß er weicher unten aufgesetzt war als wir an der Kletterstange. Der Schwerkraft entkam ja keiner ungestraft.

«Aus Anlaß dieses Ereignisses hat äh äh …», der Staubesack merkte, daß unter seinem rechten Schuh ein Zehnmarkschein West hervorlugte. Das brachte ihn völlig aus dem Konzept. «Ja, also – hat die Regierung unserer DDR beschlossen», fand er seinen Faden wieder, «daß heute ab sofort schulfrei ist.»

Wir trauten unseren Ohren nicht. Keine Stationswechsel mehr, keine weiteren Kastenstürze und fehlgeschlagenen Rollen. Die Martern fanden ihr Ende. Und das verdankten wir Juri Gagain. Er war ein echter Freund, er hatte uns das Leben gerettet.

Fassonschnitt oder Die Grenzen der Deutschen Demokratischen Republik

Außer dem Lehrstoff gab es in der Schule noch allerhand andere wichtige Sachen kennenzulernen, zum Beispiel das gesellschaftliche Leben. Es begegnete uns besonders in den Hofpausen, wo wir auf die rund vierhundert anderen Mitglieder der schulischen Gesellschaft trafen. Die besten von ihnen unterwiesen uns in den Belangen der *Praxis* – die Kopfarbeit allein, das war uns ohnehin inzwischen klar, würde uns nicht über alle Klippen des Lebens bringen.

Das wichtigste Kennzeichen des praxiserfahrenen Schülers waren blaue Tintenfinger. Wer keine blauen Finger hatte, ließ erkennen, daß er im Fach Schönschrift nichts getan hatte. Geschrieben wurde natürlich nur mit dem berühmten *Pionier-Füller*, einem Kolbenmodell, das man ins Tintenfaß der Sorte *Barock blau* aus Dresden tauchte und dann per Knopfdrehung füllte. Erfahrene Schüler zeigten uns, daß man das gute Stück auch im Mittelteil etwas lockern oder die hintere Spitze wegknabbern konnte, so daß sich die Tinte nach und nach über die Finger und von dort ins Heft ergoß, wo sie schließlich beim Zuklappen ein doppelseitiges großflächiges Muster bildete. Das gab zwar schlechte Noten in Sauberkeit, aber ein tiefes Verständnis für Symmetrie. Und für die Pioniere sowieso, denn deren Farbe war auch Blau.

In Fragen der Geldbeschaffung hatten wir uns vom Flaschensammeln auf das Klimpern verlegt: Diese Methode zur Mehrung des finanziellen Wohlstands der lernenden Bevölkerung verlangte, daß man Münzen möglichst nahe an eine Kante heranwarf. Gewonnen hatte, wessen Geldstück am dichtesten davor landete, und wer es dann noch schaffte, den gesamten Einsatz als Stapel mehrmals in der Luft zwischen Innen- und Außenseite der Hand hin- und herzuwerfen. Angesichts des federleichten Aluminiumgelds und der ziemlich schweren Strafen, die auf das Spiel standen, war dies eine Aufgabe, vor der wohl sogar der Meister aller Volkswirtschaftsinitiativen, *Adolf Hennecke*, kapituliert hätte. Nicht aber unser wackerer Lausi – der räumte ab, was es zu holen gab. Selbst von zwei Tadeln und einem Veilchen ließ er sich dabei nicht beirren. Die Tadel hatte ihm unsere Schulleitung verabreicht und das Veilchen ein unterlegener Mitspieler. Trotz gewisser Unterschiede zwischen diesen Sanktionsarten bekundeten damit beide Parteien eine bedenkliche Geringschätzung für die Erfolge moderner Finanzierungskonzepte.

Unser Kollektiv litt jedenfalls keine Geldnot mehr. Es fehlte uns bloß an Zeit, um es auszugeben. Und dabei eröffneten sich doch so interessante Möglichkeiten.

«Habt ihr schon gehört?» fragte uns Sputnik eines Morgens auf dem Schulhof.

«Ja», antwortete Dorle stolz, «in der HO gibt's jetzt Kundenlisten für Butter, und ich konnte mich schon selbst eintragen.»

«Nein, das meine ich nicht.» Sputnik unterbrach seine aktuellen Informationen kurzzeitig, weil er dem Turnbeutel eines Schülerkollegen ausweichen mußte, der sich im Landeanflug auf die Fensterscheiben des Erdgeschosses befand.

«Also, was'n dann?» erkundigte sich Lausi, begleitet vom prompt einsetzenden Glasgeklirr.

«In Berlin wollen sie eine Gockelbar aufmachen.»

«Zum Donnerwetter, was ist das denn?» rief hinter uns der Werk-Rose. Richtig hieß er Herr Rose, aber weil es im Hause gleich zwei Lehrer dieses Namens gab, wurde jeder von ihnen nach dem Fach benannt, das er unterrichtete. Der Werk-Rose, zuständig für Werken, hatte also noch den Kollegen Stabü-Rose, welcher für Staatsbürgerkunde verantwortlich zeichnete; der Werk-Rose aber hatte heute Aufsicht.

«Na, ein ganzer Laden voller Brathähnchen», sagte Sputnik in seine Richtung. Man durfte ja auch die Lehrer nicht völlig ungebildet aus der Schule entlassen.

«Brathähnchen? Ihr wollt mich wohl für dumm verkaufen, was?» Der Werk-Rose lief rot an. Rosenrot sozusagen. Wie es schien, glaubte er nicht recht an den Fortschritt in der Massentierhaltung. Aber das war ja auch nicht sein Fachgebiet.

«Nein, im Ernst», beharrte Sputnik, «es handelt sich um eine gastronomische Neuerung.»

«Neuerung? Was soll der Unsinn?»

«Die Neuererbewegung ...», hob Sputnik an, aber der Werk-Rose fiel ihm ins Wort.

60

«Ich will wissen, wer die Fensterscheibe eingeworfen hat, ver-
flixt noch mal!»

«... ist eine Form der schöpferischen Masseninitiative zur weiteren Intensivierung ...»

Kommissar Werk-Rose beschloß, seine Ermittlungen an anderer Stelle fortzusetzen, und wandte sich wortlos von uns ab.

«Kannst aufhören, er ist weg», sagten wir zu Sputnik, der sich
wieder mal selbst übertroffen hatte. Oder vielleicht war es auch
seine Mutter, die wurde nämlich gerade in ihrem Betrieb *qualifi-
ziert*.

«Der Fitzenkötter junior aus der Dritten war's.» Sputnik schüttelte den Kopf. «Der ist sogar zu blöd zum Zielen.»

«Aber deswegen müssen wir ihn ja noch lange nicht verpet-
zen», bekräftigte Dorle unser aller Meinung. «Auch die Blöden
sind ein Mitglied der Gesellschaft.»

Nachdem wir uns dieses Grundsatzes unserer Gesellschafts-
philosophie versichert hatten, konnten wir uns wieder den aktuellen Ereignissen zuwenden.

«In diese Gockelbar müssen wir unbedingt.» Lausi rollte begeistert mit den Augen. «Am besten gleich.»

«Aber das ist doch erst eine Baustelle, außerdem haben wir
noch drei Stunden Unterricht», hielten wir ihm entgegen, aber er
war nicht mehr zu bremsen.

Voller Tatendrang stürzte er zu der großen *Ruhla-Uhr*, die über
dem Hofeingang der Schule hing. «Noch zwölf Minuten!» Lausi
kramte hastig alle Taschen seiner Lederhose durch, bis er schließlich eine plattgedrückte gelb-rote Schachtel zum Vorschein
brachte. Sie enthielt *Riesaer Zündhölzer*, und ihr Besitz war uns
normalerweise streng untersagt. Aber bei Peschkes gehörte der
Umgang mit Feuer und Flamme ja zum Alltag. Verstohlen näherte
sich unser praxisbewährter Freund jetzt dem Schulthermometer.

«Stellt euch mal 'n bißchen um mich rum», verlangte er dort.
Nachdem wir seinem Wunsche entsprochen hatten, begann er unauffällig, die Quecksilbersäule mit einem entzündeten Streichholz
zu erwärmen. Da ging auch uns ein Licht auf, was er vorhatte.

Wenn das Thermometer in der Hofpause 25 Grad oder mehr anzeigte, mußte es Hitzefrei geben. Der Himmel war heute zwar bedeckt, aber wir schrieben immerhin Ende Juni. Lausi wollte der Natur eben bloß ein bißchen auf die Sprünge helfen, so wie wir es von der sowjetischen Wissenschaft her kannten. Und seine Hilfsaktion dauerte auch gar nicht lange.

«Herr Www- äh, Herr Rose!» rief er schon nach drei Minuten, als der Oberaufseher gerade wieder mal vorbeipatrouillierte.

«Na, ihr Rabauken, was gibt's denn nun schon wieder?»

«Sehen Sie mal hier.» Wir deuteten alle gemeinsam auf das Thermometer. «Es muß unbedingt Hitzefrei geben.»

Das Wort verbreitete sich wie ein Lauffeuer. In Null Komma nichts stand die halbe Schule bei uns in der Ecke. Aus zahlreichen, nicht enden wollenden Beifallsbekundungen konnten wir entnehmen, daß das Projekt Hitzefrei mit den Interessen der Gesellschaft übereinstimmte. Selbst der Werk-Rose zollte den herbeigeeilten Massen seinen Respekt und machte, wenn auch betont langsam, Anstalten, den Wärmemesser abzulesen.

Im Umkreis von einem Kilometer erstarb sämtliches Leben, und zwar so schlagartig, als wäre Dornröschen gerade im Fach Nadelarbeit mit ihrem Finger unter eine vergiftete *Veritas-Nähmaschine* geraten. Der Werk-Rose genoß einen jener raren Momente seiner Berufslaufbahn, in dem die Schüler mal ganz von selbst stille sind und auch noch dem Lehrer an den Lippen hängen.

«Tja, also», sagte er und beugte den Kopf ganz dicht vor die Skala, um dann aber in einer unerklärlichen Mischung aus Heiterkeit und Ärger bekanntzugeben: «Nee, mit mir nicht, Leute!»

Eine Flut von Anfragen aus dem Publikum brandete ihm entgegen. Doch er machte nur eine beschwichtigende Handbewegung und erklärte: «Das Thermometer zeigt dreiundsiebzig Grad im Schatten. Weitere Auskünfte erteilt Herr Klaus Peschke, Klasse 1 a.»

Herr Klaus Peschke allerdings hatte sich beizeiten verkrümelt. Auch uns bewahrte nur das just in diesem Augenblick einsetzende Klingelzeichen vor Schlimmerem.

Tagelang war die ganze Schule stinksauer auf uns, und wir lebten ziemlich gefährlich. «Ja, ja, die Idee wird zur materiellen Gewalt, sobald sie die Massen ergreift», zitierte unser Vater zu Hause aus irgendeinem schlauen Lehrbuch. Aber die Theoretiker hatten gut reden, die waren ja meist schon tot.

Gott sei Dank gab es bald danach Ferien, und die Sache geriet in Vergessenheit. Wir selbst hingegen gerieten in die Fänge des Deutschen Reisebüros, welches uns zu Urlaubszwecken in den Harz versandte. Der dortige Vermieter hatte wohl erst vor kurzem von Landwirtschaft auf Fremdenverkehr umgesattelt, weil sich das Viehzeug in seinen winzigen Verschlägen nicht mehr wohl fühlte.

Unsere Familie bezog jenen Teil des Hofes, der noch unlängst die Hühner beherbergt haben mußte. Das Zimmer war ungefähr einen halben Meter hoch, stockdunkel und nur über eine schmale Holzstiege zu erreichen. Unsere Eltern sahen sich gezwungen, auf allen vieren herumzukriechen, damit sie sich nicht den Kopf an der rohen Holzdecke stießen. Außerdem befand sich genau unter unserem Luxusappartement die Gemeinschaftstoilette des Hauses, welche ihrem Beinamen Plumpsklo durch einschlägige Geräusche alle Ehre machte.

Es hielt uns also wenig in diesem Quartier. Die Baumanns- und Hermannshöhle begrüßten uns ebenso als dankbare Besucher wie der Hexentanzplatz und die sozialistische Großtalsperre an der Rappbode. Schwitzend kraxelten wir die Steinerne Renne hinauf und hinunter, saßen stundenlang auf der Roßtrappe herum und besichtigten selbst das letzte kleine Teelöffelchen an der gräflichen Festtafel im Feudalmuseum. Alles nur, um unserer umgebauten Legebatterie möglichst lange fernbleiben zu dürfen. Nachdem wir an einem langweiligen Sonntag aus lauter Verzweiflung auch noch die «Straße der Besten» vor dem Stahl- und Walzwerk Thale angesehen hatten, beschloß unsere Mutter, daß es so nicht weitergehen könne. Jetzt müsse etwas Praktisches geschehen. Vater sollte gleich morgen seine abgelaufenen *Banner-Schuhe* zur Reparatur bringen, sie selbst wollte versuchen, Karten für das

Harzer Bergtheater aufzutreiben, und uns, also Bernie, stand ein Besuch beim Frisör bevor.

Das hatte gerade noch gefehlt! Auf die Gipfel des Mittelgebirges folgte nun der Gipfel der Langeweile.

Mißmutig trotteten wir also am Montag morgen los. Unser Ziel nannte sich «PGH Flotte Linie», aber in dem Laden sah es etwa so flott aus wie im Ersatzteillager des Barbiers von Sevilla. Neben einer rissigen Marmorplatte, in der ein versenktes Waschbecken steckte, war ein bleicher Mann zugange, dem man schon von weitem ansah, daß er die abstoßendste Krankheit seines Berufsstandes hatte: eiskalte Finger.

«Stimmt doch, oder nicht?» sagte er gerade zu einem Kunden, der vor ihm in einem Stuhl mehr hing als saß.

Der Kunde wollte etwas erwidern, aber er bekam eine derart große Ladung Rasierschaum ins Gesicht geklatscht, daß es ihm den Mund verschloß und er nur noch ein mehrdeutiges «Mhmpf» hervorwürgen konnte.

Wir setzten uns stumm in eine Ecke und sahen zu, wie der Bleiche sein langes Klappmesser ausgiebig an einem Lederriemen schärfte. Der Kunde auf dem Stuhl wurde immer kleiner. Als die Klinge nach einer Weile schon drohte durchsichtig zu werden, fing der Bleiche endlich an, den zusammengeschnurrten Zwerg damit zu bearbeiten.

«Außerdem kann es gar nicht anders sein», stellte er dabei fest. Der Kunde schwieg vorsichtshalber. Das rettete ihm den Hals. Der Frisör schabte so heftig an der Kundenbirne herum, als wollte er persönlich nachsehen, welche Gedanken der verstummte Mann da drinnen eventuell noch hegte. Nachdem die Haut schon schweinerosa und gefährlich dünn aussah, hielt er einen Moment inne, den der Gnom für einen Fluchtversuch zu nutzen versuchte. Aber der Frisör setzte ihn wieder zurecht und nahm eine örtliche Betäubung mit *Tüff-Rasierwasser* vor. Dann hielt er dem Mann seine kalte Hand vors Gesicht. Der kurz vor einer Ohnmacht stehende Kunde legte mit letzter Kraft Geld hinein, wahrscheinlich war es sein halbes Monatsgehalt, bloß um

64

endlich gehen zu dürfen. Der Freikauf gelang, aber leider waren wir nun an der Reihe.

Der Bleiche wendete zunächst die Sitzfläche des Behandlungsstuhls mit einem speziellen Drehgriff, so daß sämtliche Bartreste unseres Vorgängers auf den Fußboden fielen. Wahrscheinlich hatte die PGH das Patent aus dem imperialistischen Amerika übernommen, wo sie die unschuldig Hingerichteten auf diese Weise vom elektrischen Stuhl kippten.

Wir nahmen Platz und versuchten den haarigen Handwerker mit unserer Bestellung «Einmal Fassonschnitt, bitte» etwas aufzumuntern. Aber er sah uns nur an, als habe er soeben die Mitteilung erhalten, daß die Braut nicht zu Figaros Hochzeit kommt. Irgendwelcher Worte schienen wir ihm sowieso nicht wert. Statt dessen klebte er uns eine Art Kreppbanderole um den Hals, die wohl verhindern sollte, daß wir beim Verbluten das grüne Linoleum des Salons versauten. Dann warf er uns einen weißen Kittel über, schaltete die Haarschneidemaschine ein und begann vom Nacken her, lange Schneisen in unsere Tolle zu schlagen. Um das rasselnde Geräusch zu übertönen, das eher an einen Mähdrescher erinnerte, warf er einen Radioapparat an, der die Rodung unseres Haupthaars mit *volkstümlichen Weisen nach Tisch* untermalen sollte. Doch statt der erhofften Musiksendung gab es einen längeren Wortbeitrag, von dem wir immer nur Bruchstücke mitbekamen.

«... Unterbindung der feindlichen Tätigkeit ...», sagte der Sprecher gerade.

Der bleiche Frisör wurde noch bleicher, stellte seine feindliche Tätigkeit auf unserem Kopf aber nicht ein.

«... eine solche Kontrolle an den Grenzen der Deutschen Demokratischen Republik einschließlich der Grenze zu den Westsektoren von Groß-Berlin eingeführt ...»

Völlig ohne Kontrolle verabschiedete sich ein Haarbüschel nach dem anderen von uns.

«... dürfen von Bürgern der Deutschen Demokratischen Republik nur noch mit besonderer Genehmigung passiert werden ...»

65

Wir hätten dem Bürger Frisör gern die besondere Genehmigung erteilt, seine Arbeiten an unserer Verschönerung einzustellen. Aber er hörte so intensiv den Radionachrichten zu, daß er an nichts anderes mehr zu denken schien und die Schafschur ganz mechanisch fortsetzte.

«... Revanchepolitikern und Agenten des westdeutschen Militarismus ist das Betreten der Hauptstadt der DDR nicht erlaubt ...»

«Das ist ja furchtbar», sagte der Frisör, legte endlich die Rasselmaschine beiseite und raufte sich die Haare.

Uns war nicht ganz klar, ob er die von ihm geschaffene Frisur meinte oder ob er sich ärgerte, daß er nun keinen Besuch mehr von befreundeten Revanchepolitikern bekam. Eine Weile stand der Mann reglos da und starrte sein eigenes Spiegelbild an. Wir wagten ebenfalls einen Blick in den Spiegel und erschraken: Von unserem ganzen schönen Schopf waren nur noch Stoppeln übrig. Wenn auch nur per Radio – die Agenten des westdeutschen Militarismus hatten uns einen letzten Streich gespielt. Wir sahen aus wie Ernst Thälmann nach der Anwendung des falschen Haarwuchsmittels, bloß ein paar Jahrzehnte jünger. Gleich würde der verrückt gewordene Frisör wohl wieder sein Klappmesser zücken, um uns noch die letzten Reste belebter Materie vom Dach zu kratzen. Deshalb nahmen wir unseren ganzen Mut zusammen und kamen ihm zuvor: «Zahlen bitte.»

«Eins zwanzig», sagte der Schaber fahrig. Es klang wie die Größenangabe unseres Vorgängerkunden.

Benommen wie dieser entrichteten auch wir das geforderte Lösegeld und suchten anschließend das Weite. Das heißt mehr das Enge, denn wir suchten unsere Eltern im Hühnerstall auf. Eigentlich hatten wir erwartet, daß es dort einen ordentlichen Aufruhr geben würde, und den gab es tatsächlich, bloß nicht wegen unserer abhanden gekommenen Behaarung.

«Stellt euch mal vor», erzählte Vater, «der Dienstleistungsstützpunkt hatte gar nicht geöffnet. Wegen Personalmangels, stand an der Scheibe. Daß ich nicht lache.»

«Das Bergtheater spielt auch nicht», wußte unsere Mutter zu berichten. «Die machen ihrem Namen anderweitig Ehre, indem das halbe Ensemble über alle Berge getürmt ist.»

Es war ein bißchen unheimlich. Nicht genug, daß uns der Wind trotz sommerlicher Temperaturen ganz kühl um die freigelegten Ohren pfiff, man konnte glatt den Eindruck bekommen, außer uns war nur noch der bescheuerte Frisör übriggeblieben.

Aber wie sich herausstellte, hatten auch ein paar Eisenbahner den Anschluß verpaßt. Sie brachten uns mit einem Eilzug pünktlich zum Ferienende wieder nach Hause. Wenigstens der Fahrplan galt also noch, wenn auch etliche Fahrgäste abhanden gekommen waren.

Pioniermanöver Brathähnchen

Zum ersten Schultag kramten wir eine dicke Pudelmütze hervor und versteckten unsere Tonsur darunter, so gut es eben ging. Unglücklicherweise schien jedoch die Sonne, und wir erregten mit unserem Kopfschutz Modell Südpol ziemlich viel Aufsehen.

«Was ist dir denn passiert?» erkundigte sich Dorle gleich fürsorglich.

Die Antwort ersparte uns zunächst Direktor Staubesack. Wie immer beim Fahnenappell rief er laut: «Heißt Flagge!» Und wie immer hätte an dieser Stelle Lausi halblaut zurückmurmeln müssen: «Nein, wir heißen Peschke.» Doch statt dessen quengelte unser Freund nur neben uns herum: «Na los, zeig schon.»

Der Staubesack erzählte unterdessen eine Geschichte, die von «Riegel vorgeschoben» und «Wühltätigkeit beendet» handelte. Es klang wie das schönste Ferienerlebnis eines Kammerjägers.

Sputnik konnte seine Neugier nicht länger bezähmen. Während wir noch so taten, als lauschten wir dem Vortrag des Direktors, lüftete er von hinten unseren Wolldeckel. «Mensch!» entfuhr es ihm.

Im gleichen Augenblick flogen sämtliche Köpfe zu uns herum. «Bernie hat einen Igel!» tuschelte es ringsum aufgeregt. Und das war anerkennend gemeint.

«Ist ja schick», bestätigte auch Dorle.

Wir fanden die Sache eher unangenehm. Eigentlich waren wir ja ein Opfer der ferngelenkten Wühltätigkeit, und nun mußten wir plötzlich noch dankbar sein, daß uns die Wühler aus Versehen auf den neuesten Stand der Haarmode gebracht hatten. Was galt denn nun mehr? Die klare Linie im Kopf oder die flotte Linie obendrauf?

Diese Frage beschäftigte uns mehrere Tage lang bis zum nächsten Pioniernachmittag. Denn natürlich waren wir inzwischen Pioniere geworden. Ein Pionier stellte so eine Art Schüler in verbesserter Ausfertigung dar. Das sah man schon am Ärmel, denn da waren Flammen aufgenäht, und ein blaues Halstuch gab es auch, dessen Tücke jedoch im Knotenbinden bestand. Es sollte vorne ganz glatt mit einem Doppelknoten geschlossen werden, aber in der gesamten Organisation fand sich kaum ein Mitglied, das etwas anderes zustande brachte als irgendwelche knittrigen Würste. Unsere Mutter hatte uns einmal aus lauter Ratlosigkeit sogar mit einem Windsorknoten versehen, aber der Adel war eine untergehende Gesellschaftsschicht, was sollten wir uns da noch per Knoten an ihn binden.

Unser *Pilei*, das heißt Pionierleiter, war Manne, Manfred klang ihm anscheinend schon zu unmenschlich. Manne war ein leicht überlagerter Pionier, was ihn aber nicht davon abhielt, sich noch immer täglich in Verbandskleidung der Größe Gartenzwerg zu zeigen. Sein Hemd spannte so gewaltig überm Bauch, daß man stets Angst hatte, von einem abspringenden Knopf durchschlagen zu werden. Mannes Tätigkeit bestand vor allem in der Verwaltung eines riesigen Vorrats aus Urkunden und Abzeichen. Egal, ob «Fünfkampf», «Gute Arbeit in der Schule» oder «Junger Tourist» – er hielt für jeden denkbaren Anlaß eine Auszeichnung bereit. Und weil er diesen Klempnerladen weder ständig mit sich herumschleppen noch auf einen Schlag verleihen konnte, stand ihm in

68

der Schule ein eigener Raum zur Verfügung, das Pionierzimmer. Es war von oben bis unten mit *Goldina-Butterfein*-Kartons vollgepackt, in denen Manne pausenlos herumwühlte. Um sein Erinnerungsvermögen war es nämlich nicht besonders gut bestellt: Er hielt zwar das Andenken der Vorkämpfer des Sozialismus hoch, aber damit erschöpften sich seine Gedächtnisleistungen. Was er sonst noch anfing, hatte er eine Minute später schon wieder vergessen. Verblüffenderweise wirkte sich dies auf seine Tätigkeit als Pilei gar nicht ungünstig aus. Im Gegenteil: Je mehr er vergaß, desto besser lief der Laden. Von all den vielen Stellungnahmen und Stimmungsbildern, die er zu schreiben versäumte, hätten sich etliche später sowieso als politisch falsch erwiesen. Und als er es einmal sogar verschwitzte, einen Jahresrechenschaftsbericht abzugeben, verschusselte er hinterher auch ganz konsequent den Termin bei der Kreisorganisation, wo er seinen Anschiß bekommen sollte. Keine Frage, Manne war ein glücklicher Mensch.

Heute hatte er zum Beispiel vergessen, daß er bei uns einen Pioniernachmittag abhalten sollte. «Was, schon wieder Mittwoch?» fragte er ganz erschrocken, als wir ihn endlich in der hintersten Ecke zwischen seinen Pappkisten aufstöberten. Er sah aus, als wenn er dort schon seit Montag gehockt und krampfhaft überlegt hatte, was er diese Woche am besten alles versieben könnte.

«Geht sofort los. Muß nur noch meine Vorbereitungen holen.» Manne versuchte, einen Aktenordner vom Fußboden aufzuheben, aber auf halber Höhe zum Bauch fielen sämtliche Blätter heraus. Wahrscheinlich hatte er nicht daran gedacht, sie im Inneren festzuheften. «Ach, egal», befand er aufgeräumt, «gibt ja noch mehr.» Damit griff er sich eine andere dicke Ablegemappe und hastete hinaus auf den Korridor.

Von bösen Vorahnungen befallen, stürzten wir ihm nach, und richtig: Kurz vor dem Horizont sahen wir ihn aus der großen Haupttür hinaus auf die Straße verschwinden. Vielleicht hatte er in seinem Aktendeckel das Merkblatt «Orientierungslauf» erwischt. Wir rannten hinterher, und es gelang uns gerade noch rechtzeitig, ihn auf den Bürgersteig zurückzuzerren, bevor er von einem dicken H-6-Bus zur Pilei-Manne-Gedenkbriefmarke umgeformt worden wäre.

Statt eines Dankeswortes drückte er uns nur eine Karteikarte in die Hand. «Der Pionier als Schülerlotse» war darauf in krakeliger Kinderschrift als Thema vermerkt.

«Auch falsch», mußte ihm Dorle leider mitteilen, «heute sind doch die Pioniergebote dran.»

«Stimmt genau», sagte Manne wie ein Conférencier bei der Auflösung des großen Preisrätsels.

Wir hakten den Pilei von beiden Seiten unter, damit er nicht noch mal vom rechten Wege abkam, und lotsten ihn so in den Klassenraum. Dort angekommen, wollte er unsere Sitzung mit dem Pioniergruß eröffnen. Das heißt, er versuchte die rechte Hand über den Kopf zu heben, aber der knallenge Ärmel seines Pionierhemds krachte so beängstigend in den Nähten, daß Manne von dem gewagten Unterfangen wieder Abstand nahm. «Also, ihr Lieben», begann er unverdrossen, «heute beschäftigen wir uns mit den Pionierdings . . .»

«. . .geboten», antwortete die ganze Gruppe im Chor.

«Richtig.» Manne kramte seine mitgebrachten Papiere durch, schien aber nichts Passendes zu finden.

«Die Gebote der Jungpioniere sind die Grundlage . . .», soufflierte ihm Sputnik deshalb so laut wie eine Bahnsteigdurchsage.

«. . . für . . .?» erkundigte sich Manne zaghaft.

«. . . das kollektive Leben unserer Massenorganisation.» Sputnik seufzte.

«Kühn denken», sagte Manne plötzlich in einem Anflug von Erinnerung. «Fröhlich sein und singen.»

«Pioniere achten alle arbeitenden Menschen», präzisierte Dorle.

«Sie lieben die Wahrheit, packen überall mit an, sind zuverlässig und – na . . .?» versuchte es Lausi ein letztes Mal.

Aber Manne gab keinen Mucks von sich und schaute nur gedankenverloren aus dem Fenster. Draußen auf dem Hof warfen die Bäume vor Kummer ihr Laub ab.

70

«... hilfsbereit.» Lausi zuckte niedergeschlagen die Schultern. «Es ist hoffnungslos.»

Das jedoch schien unser Pilei nicht auf sich sitzenlassen zu wollen. «Du sollst deine Kinder im Geiste des Friedens und des Sozialismus zu allseitig gebildeten, charakterfesten und körperlich gestählten Menschen erziehen», sagte er. Vermutlich war es der längste Satz, den er je von sich gegeben hatte.

«Manne», meldete sich daraufhin ein Mitpionier aus den hinteren Reihen zu Wort, «wir sind doch selbst noch Kinder.»

«Eben», pflichteten wir dem Jungen bei, «wir können höchstens Erwachsene erziehen.»

«Außerdem ist dein Zitat nicht von den Pionieren, sondern aus den zehn Geboten der sozialistischen Moral», klärte ihn Sputnik auf. «Das haste verwechselt.»

«Na, gib mal deinen Berichtsbogen her», erbarmte sich Lausi. Dankbar überreichte ihm Manne ein Formblatt, in das wir lauter wohlgesetzte Worte wie *vollzählig, einmütig, bewußt* und *diszipliniert* schrieben. Manne las unsere Bewertung durch und freute sich, wie gut er doch wieder gewesen war. Dann trabte er fröhlich pfeifend davon.

Unser nächstes Projekt nannte sich «Pioniermanöver Schneeflocke», und die ganze Schule spielte schon wochenlang verrückt, bevor es überhaupt losging: Der Mond Töselborn übte in Deutsch mit uns plötzlich Parolen und Gegenparolen für die Erkennung der eigenen Truppen: «Raaakeeetäää», intonierte die eine Hälfte der Klasse auf sein Geheiß hin, und die andere brüllte zurück: «Roooostooock.» Im Musikunterricht lernten wir die Volksweise *Durchs Gebirge, durch die Steppe zog uns're kühne Division*, und Frau Rempow veranstaltete in der Turnhalle eine Sonderaktion «Ausdauerläufe», bei der zur Abwechslung mal nicht hingeflogen, sondern stundenlang im Kreis gerannt wurde. Alles deutete darauf hin, daß das Vereinigte Oberkommando der Staaten des Warschauer Vertrages ausgerechnet unsere Penne in den Mittelpunkt seiner strategischen Überlegungen gerückt hatte. Das war zwar ehrenhaft, aber auch anstrengend.

71

Besonders die stille Gerda Stein aus unserer Klasse fand sich über die Maßen beansprucht: Sie war nämlich keine Pionierin. Statt dessen pflegte sie den Kirchgang. Aber nach allem, was man von ihr hörte, schien sich das dortige Treiben nicht besonders vom Pionierleben zu unterscheiden. Am Kirchennachmittag zum Beispiel mußten sie genauso Gebote pauken wie wir. Man sollte nicht klauen, fremde Frauen meiden sowie keine falschen Angaben über sein Zeugnis machen. Und ruhmreiche Opfer, die ihr Leben gegeben hatten, wurden auch geehrt, vor allem der Genosse Jesus, eine charakterfeste und gestählte Persönlichkeit. Der Chef des ganzen Unternehmens nannte sich Pastor und mußte so eine Art Kilei sein, also Kirchenleiter. In einer Hinsicht war dieser Kilei sogar besser dran als unser Manne: Er hatte einen weißen Klemmkragen und brauchte sich nicht mit Knoten abzuquälen.

Gerda Stein jedenfalls wollte sich nicht an den Vorbereitungen zu unserem Geländespiel beteiligen. In dieser Haltung hatte sie übrigens einen unerwarteten Bruder im Geiste – den Pilei Manne. Während sich draußen die Pauker mit uns abrackerten, als wenn wir alle gemeinsam die Panzerschlacht am Kursker Bogen bestreiten müßten, saß er geruhsam im Pionierzimmer und las das Trompeter-Buch *Die Jagd nach dem Stiefel.* Er hatte natürlich nicht im Traum daran gedacht, seine zentrale Manöveranleitung zu besuchen, und wahrscheinlich war er in Gedanken schon bei den nächsten Sommerferien, obwohl sich vor dem Fenster alles tief verschneit zeigte.

So kam es, wie es kommen mußte: Der Tag des Manövers brach an, und der staunende Pilei erfuhr erst vor versammelter Belegschaft aus dem Munde von Direktor Staubesack, daß er nun gleich als bedeutender Heerführer zu fungieren habe. Tief ergriffen von dieser Nachricht, hätte Manne um ein Haar die Fahne der Pionierfreundschaft fallen lassen, an der er sich bis dahin wacker festgehalten hatte.

«Laß mal, wir machen das schon», raunte ihm Lausi von der Seite her zu. «Erzähl was über die Bereitschaft, das Verteidigen und so.»

72

Manne fand seine Fassung wieder und redete allerhand wirres Zeug über teuflische Pläne der Militaristen, Wogen verbrecherischer Anschläge und lauter abgeprallte Provokationen. Als er über unsere heißen Herzen sprach, bekamen wir langsam kalte Füße, und nachdem uns allmählich schon Eiszapfen an der Nase zu wachsen begannen, kriegte er endlich die Kurve zu Schnitzeljagd und Schneeball-Zielwerfen. Daraufhin rückte der ganze Verein ab, und Lausi dirigierte Manne so lange hin und her, bis der für alle Pioniere irgendeine Beschäftigung gefunden hatte. Bloß unser Kollektiv plus Pilei blieb übrig. Aber das war so beabsichtigt, denn Lausi hatte für uns ein ganz anderes Marschziel vorgesehen – die Gockelbar! Und den Pilei nahm er mit, damit er nicht noch größeren Schaden anrichtete.

Ein bißchen seltsam war unser Anblick ja schon, wie wir da als Pioniermanöver Brathähnchen die S-Bahn nach Berlin bestiegen: Manne verkeilte gleich zu Anfang seine Fahnenstange in der Tür, Sputnik sah aus wie ein Höhlenforscher, denn er führte eine *Artas-Taschenlampe* Typ 4-Staber mit sich, und wir selbst schwitzten unter der Last eines Überseekoffers, den ein rotes Kreuz sowie der Aufdruck «Junger Sanitäter» schmückten. Lausi wiederum hatte aus dem elterlichen Bücherschrank einen gut geräucherten Stadtplan mitgenommen, der auseinandergeklappt den halben Waggon füllte. Leider trug das flächendeckende Stück nicht viel zu unserer Orientierung bei, denn es stammte aus dem Jahr 1938. Unter dem Buchstaben G führte es im Register nur zwei Stichpunkte: Gauwaltung Groß-Berlin und Geschäftsstellen der NSDAP.

Also fuhren wir einfach aufs Geratewohl bis zur Endstation mitten in der Stadt. Dort trafen wir auf dem Bahnsteig einen sehr vertrauenerweckenden Schäferhund, der an seiner Leine zwei uniformierte Männer auf und ab führte. Obwohl uns der Vierbeiner besser gefiel als seine Schutzbefohlenen, beschlossen wir doch, die Männer zu fragen.

«Gockelbar: unten links», gab der eine Laut.

«Geradeaus bis Chausseestraße», schlug auch der andere an.

«Rechte Seite», bellte der erste wieder dazwischen.

Daraufhin knurrte der zweite bloß kurz, und als wir nicht gleich weitergingen, kläffte er noch: «Da isses!»

Es hätte uns nicht gewundert, wenn der Hund ordnungshalber darauf hingewiesen hätte, daß wenigstens er ganze Sätze verstand. Immerhin wußten wir nun Bescheid, und dank des Ausdauertrainings bei Frau Rempow erreichten wir das Objekt unserer Begierde schon nach einer halben Stunde Fußmarsch. Aus der geöffneten Eingangstür schlug uns eine fettige Wärme entgegen, die sowohl von gutgebratenen Hähnchen als auch von schlecht gewaschenen Hähnchenkäufern ausgehen konnte. An Kunden herrschte jedenfalls kein Mangel, denn der Gastraum war schwarz vor Menschen, die einen Tumult veranstalteten, als wenn in der Mitropa der Bierhahn klemmt. Vorne war in dem Gedränge nicht viel mehr zu sehen als ein Bild an der Wand, auf dem die fehlgeleiteten Schüler Max & Moritz gerade einen Braten durch den Schornstein angelten. Hinter uns schoben schon die nächsten Hungrigen nach, und wenn nicht Sputnik geistesgegenwärtig seine Taschenlampe eingeschaltet hätte, wären wir irgendwo zwischen lauter Bäuchen und Mänteln vom Dunkel verschluckt worden. Selbst Manne ragte oben nicht viel heraus, nur die wackelnde Pionierfahne signalisierte eventuell eintreffenden Rettungstrupps, wo sie mit ihren Grabungen ansetzen mußten. Allmählich wurde uns schon die Luft knapp, als sich aus dem allgemeinen Getöse eine einzelne Männerstimme herausschälte. Und diese Stimme kam näher.

«Moment mal bitte, gestatten Sie, darf ich mal eben», sagte sie eine ganze Weile lang, bis endlich auch der Inhaber des Organs zu uns herangepaddelt war. Er stellte sich als Leiter der gastronomischen Einrichtung vor und begrüßte uns mit den etwas irritierenden Worten: «Na, da seid ihr ja endlich. Wir haben schon auf euch gewartet.»

Alle Achtung, uns waren ja schon einige ergreifende Empfänge untergekommen, aber der hier übertraf sie alle.

«Begrüßen die immer ihre neuen Kunden persönlich?» fragte Dorle Sputnik.

74

Aber bevor der antworten konnte, erklärte der Leiter lachend: «Heute ist wieder mal der Teufel los, bloß gut, daß ihr kommt.» Dann haute er dem Manne so herzhaft ins Kreuz, daß dessen falsch geknüpfter Pionierknoten aufflog.

Angesichts dieser unerwarteten Begeisterung verzichteten wir auf weitere Fragen. Der Leiter deutete mit einer Armbewegung an, daß wir ihm folgen sollten. Doch statt des erhofften Logenplatzes am Verkaufstresen bekamen wir nur einen kahlen Nebenraum zu sehen, in dem uns eine Küchenfrau auflauerte und uns weiße Schürzen überwarf. Den Sani-Koffer, die Freundschaftsfahne und den ganzen restlichen Plunder durften wir noch rasch irgendwo abstellen, dann bugsierte uns der Leiter durch die Tiefen seiner Hähnchen-Katakombe bis in die Abwaschküche. Dicke Dampfwolken waberten dort durch die Bude, und Wasser rauschte. Man kam sich vor wie im Zwischendeck der «Völkerfreundschaft» bei Nebelalarm. Der Leiter machte sich die undurchsichtige Lage zunutze, indem er jedem von uns eine Arbeit zuwies.

Normalerweise war ja der Platz des einzelnen immer da, wo ihn die Gesellschaft hinstellte. Aber die gesellschaftliche Aufgabe, die uns hier erwartete, traf uns dann doch unvorbereitet. Unser Pilei wurde an der sogenannten Durchreiche plaziert, durch die von draußen offenbar mit einem Bulldozer Riesenstapel dreckiges *Pneumant-Geschirr* geschoben wurden. Es mußte sich um den gesamten Bestand handeln, der seit der Eröffnung des Ladens angefallen war. Manne sollte ihn drinnen abnehmen, sortieren und auf die verschiedenen Spulbecken verteilen. Vor denen waren wir postiert. Dorles zarter Damenhand hatte man die Gläser anvertraut, Lausi wurde Bevollmächtigter für das Tellerwesen, und Sputnik stieg zum Abteilungsleiter Besteck auf. Als letzter im Bunde sahen wir selbst schließlich noch einer unerwarteten Laufbahn im Dienstbereich Abtrocknung entgegen.

Ohne daß wir noch irgend etwas einwenden konnten, löste sich der Leiter vor unseren Augen in Nebel auf. Dafür brüllte von draußen ein unbekannter Brathähnchen-Werker: «Los, los, ihr müßt schneller machen!»

Manne hatte den Großteil seiner Aufgabe schon wieder vergessen und warf völlig konfus zwei komplette Stapel ins erstbeste Becken. Dadurch mußte Dorle alles nachsortieren, und draußen erhob sich schon nach einer Minute der Ruf: «Mehr Gläser!»

Auch bei Sputnik kam die Produktion nicht in Gang. Es dauerte Stunden, bis er einen Satz Messer und Gabeln fertig hatte. Das weiche Aluminiumbesteck verformte sich jedesmal beim Essen und mußte mit viel Aufwand wieder geradegebogen werden.

Bei uns am Trockentuch sah es kaum besser aus: Erst wurde gar nichts an uns weitergereicht, und dann plötzlich alles auf einmal. In Windeseile waren sämtliche *Malimo*-Wischlappen triefnaß wie die Taschentücher beim Staatsbegräbnis.

Draußen drohte unterdessen eine Revolte auszubrechen: «Alles zu feucht und viel zuwenig!» randalierten die Verkaufskräfte.

«Was machen wir hier eigentlich?» fragte Manne mitten in dieser angespannten Situation. Gleichzeitig stieß er mit dem Ellenbogen die *Fit*-Flasche in Lausis Spülbecken, und das Wasser schäumte auf.

Wie auf Kommando hörten wir alle auf zu scheuern, zu biegen und zu wischen. Ja, was eigentlich? Wir sahen uns ratlos an. Und wir sahen nicht nur uns, sondern noch eine zweite Pioniergruppe. Oder war es eine pure Sinnestäuschung?

«Wer seid ihr denn?» fragte einer der Fata-Morgana-Pioniere.

«Tja ...», erwiderte Manne, der wohl überlegte, wo er den Merkzettel mit der richtigen Antwort hingesteckt hatte.

Doch weitere Selbstbefragungen erwiesen sich als unnötig. Inmitten der anderen Pioniere tauchte der Gockelbar-Leiter auf: «Das tut mir aber schrecklich leid», sagte er. «Hier liegt eine Verwechslung vor. Wir sind so furchtbar knapp an Personal.»

Uns lag schon die Frage auf der Zunge, ob sie sich deswegen gleich Kinder als Spülsklaven wegfangen mußten.

«Darum wollte unsere Patenschule heute eine Pioniergruppe als Timur-Hilfe schicken. Wir dachten, das seid ihr.»

«Immer bereit», sagte Manne, von einem lichten Moment erhellt. Das Buch *Timur und sein Trupp* war ja *der* Klassiker zum

Thema Hilfsbereitschaft. Die alten Mütterchen konnten gar nicht gebrechlich und die Einkaufstaschen gar nicht schwer genug sein, um von Timur und Co. verschont zu werden.

«Zum Dank für euren guten Willen laden wir euch auf ein Brathähnchen ein», fuhr der Leiter fort und händigte uns die Manöverutensilien wieder aus.

Das klang schon besser. Erleichtert kehrten wir in den Gastraum zurück, wo wir als anerkannte Freunde des Hauses ganz vorne auf den Barhockern Platz nehmen durften. Ein Koch mit turmhoher weißer Mütze knallte uns fünf Hähnchen auf die Theke, und wir hauten ordentlich rein. Das Bratgeflügel erfüllte unsere hohen Qualitätsansprüche, nur die Teller waren klitschnaß und die Alugabeln total verbogen. Die Timur-Kollegen im Hinterstübchen hatten es mit uns vertrauten Problemen zu tun bekommen. Als wir fertig waren und gingen, hörten wir noch, wie jemand rief: «An den Tellern ist zuviel Schaum!»

Lausi grinste auf dem ganzen Weg bis zum Bahnhof. Und sein zufriedener Gesichtsausdruck verlor sich nicht einmal, als er dort Manne davon abhalten mußte, mitsamt Pioniermontur und Fahne durch eine Tür zu gehen, über der das Schild hing: Ausreise nach Westberlin. «Genug Manöver für heute», sagte er nur und stellte sich wahrscheinlich vor, wie die anderen gerade mit den *Fit*-Blasen rangen.

Direktor Staubesack rang ebenfalls, aber eher mit seiner Fassung. Bei unserem Eintreffen in der Schule nahm er den Pilei fest und zischte: «Das wird ein Nachspiel haben, lieber Kollege!» Die Lehrer hatten das Pioniermanöver selber durchführen müssen, während Manne als Erklärung für sein Verschwinden nur etwas von «Steigerung des Lebensmittelumsatzes» faselte.

Eine Woche später kam tatsächlich ein Nachspiel, doch anders als erwartet. In der Pionierzeitung *Trommel* stand ein Artikel mit der Überschrift «Selbstlose Hilfe». Darin berichtete der Gockel-Direktor persönlich von Pionieren, die ihn in einer schwierigen personalökonomischen Situation unterstützt hätten. Von gesellschaftlich nützlicher Arbeit schrieb er noch, vom Vertrauen in das

Brathähnchen und von der Jugend als Bedürfnis. Oder umgekehrt, jedenfalls wurden Mannes Name und die Nummer unserer Schule genannt.

Da waren plötzlich alle mächtig stolz. Man konnte richtig sehen, wie die Macht des gedruckten Wortes wirkte. Selbst Herr Staubesack blinzelte den Pilei regelrecht zu Boden und lobte ihn mit den Worten: «Ich hab's ja immer gesagt.» *Was* er immer gesagt hatte, behielt er allerdings für sich.

Manne selbst nutzte die günstige Gelegenheit, um die Bestände seines überfüllten Materiallagers zu lichten. Er zeichnete unser Kollektiv mit dem Abzeichen *Goldener Schneemann* aus. Ein Goldenes Brathähnchen hatte er leider nicht, aber bei Ehrungen durfte man nicht wählerisch sein. Man stelle sich bloß vor, die Erfinderin des Wettbewerbs, Frida Hockauf, hätte mitten in der Verleihung des Vaterländischen Verdienstordens genörgelt, daß sie lieber drei Pfund Spargel hätte.

Der Jugend das Vertrauen

Aber die Zeiten, wo wir als geachtete Mitglieder der Gesellschaft galten, sollten bald wieder vorbei sein.

Eines Morgens, es muß so Mitte der sechziger Jahre gewesen sein, stand Kreisschulrat Berger unerwartet vor dem Eingang zu unserer Schule. Wir hatten ihn bisher höchstens mal aus der Ferne zu sehen bekommen, und dann wirkte er immer wie ein wandelndes Benzinfaß, auf das jemand einen Hut gelegt hatte. Irgendein begabter Teilnehmer an der Arbeitsgemeinschaft Nachwuchslyriker hatte ihm den Zweizeiler gewidmet: *Kommt der Berger, gibt's nur Ärger.*

Selbst im Westen hatten sie das schon zu spüren bekommen. Dort war Berger nämlich vor Jahren mit einem Agitationstrupp in Niedersachsen aufgetaucht, um eine Art Werbekampagne für den Sozialismus durchzuziehen. Die Leute dort hatten seine Nummernrevue wohl nicht besonders lustig gefunden und gleich die Polizei geholt. Und die hatte Berger, um unverlangte Zugaben auszuschließen, ins Gefängnis gesperrt. Aber am nächsten Morgen kam er wieder frei. Wahrscheinlich hatten die restlichen Häftlinge eine Revolte angedroht.

Danach war er bei uns Schulrat geworden. In dieser Tätigkeit fand seine geschundene Seele endlich Trost, denn er durfte das Schulwesen genau so führen, wie es seinen verhinderten beruflichen Ambitionen entsprach – als ein Mittelding aus Agitproptheater und Besserungsanstalt für Kleinkriminelle.

Berger war ein Mann mit Einfluß. Auch auf unseren Direktor Staubesack, der jetzt, neben ihm stehend, den Durchgang vor der Schule blockierte, so daß sich im Handumdrehen ein Menschenstau bildete.

«Das imperialistische Amerika», begann der Schulrat ohne Gruß oder Einleitung, «hat in unserer Schule nichts zu suchen.»

Wir staunten. Der tat ja so, als hätte sich Präsident Johnson im Gerätehaus für Gartenarbeit verschanzt.

«Wie man weiß, werden die Bürger dort uniformiert.»

Und zwar mit sämtlichen Interventionstruppen.

«Diese Unkultur und Dekadenz», warf Direktor Staubesack ein, «wird nicht auf uns übergreifen.»

Schulrat Berger, anscheinend nicht zum Duett aufgelegt, warf ihm einen mißbilligenden Blick zu. «Kurzum, dieses Haus darf ab sofort von niemandem mehr betreten werden, der Nietenhosen trägt! Wir werden das jetzt an Ort und Stelle kontrollieren.»

Da hatten wir den Salat. Logischerweise war man ja als fortgeschrittener Schüler irgendwann dem Lederhosenalter entwachsen. Und die Nachfolge trat, wo immer es ging, eine Nietenhose an. Nur leider beschränkte sich das natürliche Verbreitungsgebiet von Nietenhosen ganz und gar auf den Westen. Also mußte man sich welche schicken oder mitbringen lassen. Das Schicken setzte Westverwandtschaft als Absender voraus (unerwünscht), während das Mitbringen eine reisefähige Oma nebst eigenen Westgeldvorräten erforderte (unerreichbar). Wer all diesen unüberwindlichen Hürden zum Trotz doch Nietenhosen besaß, mußte ein Genie sein. Und ein solches lief gleich neben uns: Es war Lausi. Mit Hilfe eines komplizierten Ringgeschäfts, bei dem er so ziemlich den gesamten textilen Privatbesitz unseres Dorfes umverteilte, war es ihm gelungen, ein Paar der begehrten blauen Röhren für sich herauszuhandeln. Und zwar von den ganz edlen, die am dekadentesten und imperialistischsten aussahen. Lausi beharrte darauf, daß seine neuen Hosen direkt aus Kolophonium stammten, da konnte ihm Dorle jeden Tag dreimal erklären, es heiße Kalifornien. Hauptsache, sie waren aus Amerika.

Kein Tag verging, an dem Lausi nicht die Nietenhosen trug. Inmitten der lärmenden Schülermassen wurden wir langsam, aber stetig Richtung Tür gedrückt, wo die Leibesvisitation stattfand. Es gab kein Entrinnen; so ähnlich mußte dem Baumstamm kurz vorm Sägegitter zumute sein. Wir versuchten, Lausi ein bißchen in unsere Mitte zu nehmen und dadurch abzudecken, aber es half nichts, Berger hatte uns schon ausgemacht.

«Halt, stehenbleiben!» rief er dann auch prompt. Es war beste niedersächsische Polizeischule. Wir blieben wie angewurzelt stehen, damit er nicht noch wegen Fluchtversuchs von der Schußwaffe Gebrauch machen mußte.

«Was haben wir denn da?» fragte Berger tückisch und zeigte auf Lausis untere Extremitäten.

Da es nun sowieso keinen anderen Ausweg mehr gab, blieb unser ertappter Freund ganz gelassen und bei der Wahrheit. «Blaue Hose», sagte er nur.

«Und zwar mit Nieten!» fügte der Schulrat triumphierend hinzu. «Und was habe ich eben gesagt?»

«Und zwar mit Nieten», bestätigte Lausi.

«Ach so, du bist ein Witzbold, was? Aber wir verstehen in dieser Angelegenheit gar keinen Spaß!» Berger machte ein böses Gesicht. Wenn jemand überhaupt eine «Angelegenheit» hätte benennen können, in der dieser Mann Spaß verstand, hätte er den Lenin-Friedenspreis verdient. «Jetzt paß mal gut auf, mein Sohn. Als erstes gibst du mir dein Hausaufgabenheft für eine Eintragung.

Dann gehst du nach Hause und ziehst dich um, und hinterher meldest du dich mit unterschriebenem Eintrag bei deinem Klassenlehrer.»

Lausi erfüllte ihm seinen persönlichen Herzenswunsch, indem er das Heft hervorholte. Während der Schulrat noch einen Aufsatz zum Thema *Die Rolle der Hose im Sozialismus* hineinkritzelte, rief Direktor Staubesack schon wieder ganz aufgeregt: «Stopp, mal hier!» Er hatte einen Schüler aus der Siebenten mit *Nato-Pelle* erwischt. Dieser dünne, graugrüne Regenmantel war aus Nylon und ebenfalls schwer in Mode. Obwohl er keinerlei Ähnlichkeit mit einer Nietenhose hatte, durfte auch er nicht in unser Bildungsgemäuer hinein. Wir waren offensichtlich in eine sehr breit angelegte Säuberungsaktion geraten, und Dorle seufzte ebenso leise wie erleichtert: «Bloß gut, daß ich meinen Hula-Hoop-Reifen heute nicht mithabe.» Wir konnten ihr nur beipflichten: Das Gerät stand unter Garantie ganz oben auf Bergers Fahndungsliste.

In der ersten Hofpause sahen wir Lausi wieder. Er stakste jetzt in einer steifen braunen Hose umher, die aussah wie eine doppelte Beinprothese. «*Grisuten textur*», sagte er entschuldigend, als er unser Feixen bemerkte.

«Besteht aus hundert Prozent Polyester.» Sputnik klopfte ihm tröstend auf die Schulter. «Da geht kein Luftzug durch.»

«Und was war mit dem Eintrag?» wollten wir wissen.

Lausi zog kurz die Augenbrauen hoch und zeigte uns Bergers Werk, das nicht seine Mutter – die es im Zweifelsfalle mit ihren dicken Brillengläsern ohnehin nicht hätte lesen können –, sondern Onkel Drache von nebenan per Unterschrift zur Kenntnis genommen hatte. Lausi und seiner Sippe wurde darin vorgehalten, daß eine Hose «des Fabrikats ‹Löwi Made in USA› den Erziehungszielen des Bildungswesens der DDR von Grund auf» widerspreche; daß Lausi sein «Fehlverhalten» einsehen und «durch erhöhtes gesellschaftliches Engagement» wieder wettmachen sollte.

Damit war Lausi zum Mond gegangen, aber der hatte nur müde abgewinkt und gesagt: «Schon guuut. Überleeeg dir noch was Engagiertes.»

Als Kollektiv waren wir natürlich aufgerufen mit zu überlegen, aber uns kam partout nichts Vernünftiges in den Sinn. Zum Schluß schlug Sputnik daher vor: «Machen wir also eine Wandzeitung.»

Das war naheliegend, denn man machte immer eine Wandzeitung, wenn einem nichts mehr einfiel. Sie stellte keine allzu hohen Anforderungen, und trotzdem konnte die Gesellschaft sie überall gebrauchen. In den Werkhallen schluckten Wandzeitungen den schlimmsten Staub weg, an Häuserwänden überdeckten sie Löcher im Putz, und in der Klasse ersetzten sie die fehlende Tapete. Hauptsache, die Dinger waren groß, ansonsten durften sie ruhig häßlich und langweilig sein.

Blieb nur noch die Frage, welches Thema wir behandeln wollten. Dorle meinte, «Beinkleid und Bewußtsein» klinge nicht schlecht, aber Sputnik gab zu bedenken, daß dem Duo Berger/Staubesack außer einem modernen Hosenbewußtsein wohl auch noch der Sinn für schöne Stabreime fehlen würde.

«Warum nehmen wir dann nicht NÖSPL?» schlug Lausi vor.

«Klingt ja schrecklich», murrte Dorle.

«Ist aber wunderbar lang», hielt ihr Lausi entgegen. «Wenn man das ausschreibt, füllt es eine ganze Wand: *Neues Ökonomisches System der Planung und Leitung.*»

«Und langweilig genug ist es auch», sagte Sputnik begeistert.

«Geht nicht, ich habe bloß noch drei kleine n für die Überschrift», meldete sich in diesem Augenblick eine Stimme von hinten. «Dafür braucht ihr aber fünf.» Es war Pilei Manne, der zwar gelauscht, dafür aber ausnahmsweise mal die richtige Karteikarte zur Hand hatte: Restbestand Goldbuchstaben. «*Flotte Melodien als gesellschaftliche Unterhaltungsform* wäre günstig. Wir haben Überplanbestände an l.»

«Das ist es!» Dorle war entzückt. «Wir verhelfen der leichten Muse zu mehr Anerkennung.»

Die anderen waren auch gleich einverstanden, nur wir selbst hegten ein paar unausgesprochene Zweifel wegen unserer Erfahrungen mit der flotten Linie. Aber ein Kollektivverderber wollten wir auch nicht sein, deshalb machten wir mit. Die Überschrift sollte Manne zusammenbauen, für den Rest mußten wir erst mal geeignete Zeitschriften besorgen.

Leider erwies sich gerade das als ziemlich schwierig, wie wir eine Woche später bei unserem nächsten Wandzeitungstermin merkten. Allerhand Druckerzeugnisse hatten wir zwar zusammengetragen, bloß von flotten Melodien war darin kaum die Rede. Der *Atze* beschäftigte sich mehr mit den Mäusen Fix und Fax als mit Musik, die *Frösi* lieferte verschiedene Bastelanleitungen, und selbst unsere sowjetischen Freunde hatten in ihrem Kinder-Zentralorgan *Wesjolije Kartinki* nur Geschichten vom Bleistift Karandasch zu bieten. Dorle steuerte zwar noch mehrere Hefte der *Pramo* bei, aber darin gab's bloß Schnittmusterbogen, die aussahen wie das osteuropäische Liniennetz für Überlandbusse. Und das Blatt *Für Dich* behauptete schon im Untertitel, eine «Illustrierte Zeitschrift für die Frau mit 48 Seiten» zu sein. Wir konnten nicht recht glauben, daß es Frauen mit achtundvierzig Seiten gab, und mißtrauten deshalb auch den entsprechenden Modehinweisen: «Freche Mini-Frisuren, halblang mit Sechserlocken oder leicht toupiert».

Es blieb uns also nichts weiter übrig, als auf unsere eigenen Erlebnisse aus der Praxis zurückzugreifen. Die Praxis war ja sowieso das Kriterium der Wahrheit, wie uns Lehrer Stabü-Rose erklärt hatte.

Wir gingen dabei von der Erkenntnis aus, daß der moderne Mensch im Jugendclub Twist tanzte, ein sehr praxisbezogener Tanz, bei dem man mit dem Hintern wackelt und dabei in die Knie geht. Die Rock 'n' Roller hingegen schmissen ihre Frauen kreuz und quer durch den Saal und trugen den Haarschnitt Ente. Ihr oberster Enterich hieß Elvis, der ohnehin unser Verbündeter war, denn wo immer er im Westen auftrat, brach der Kapitalismus zusammen. Zumindest für die Dauer seiner Konzerte. Die erste Hälfte unserer Wandzeitung war damit schon mal unter Dach und Fach: Dorle ehrte den Twist mit einem Text, den sie Föjetong nannte, während wir den Kollegen Elvis als Klassenkämpfer würdigten.

Der zweite Teil war fast noch einfacher: Schließlich gab es ja sogar einen eigenen schöpferischen Beitrag unseres Landes zur fortgeschrittenen Musik, dessen Titelzeile lautete: *Beim Hully Gully bin ich König*. Er stammte von der Combo *Sputniks*, und damit stand von vornherein fest, daß Sputnik als Seelenverwandter einen Artikel dazu verfassen mußte. Für die Überschrift hatte Manne eine Buchstabengröße gewählt, wie sie sonst nur noch als Leuchtreklame auf dem Dach von *Kontaktring-Kaufhäusern* Verwendung fand. Deshalb betrug die Länge der fertigen Wandzeitung annähernd fünf Meter, und wir fanden in unserer Klasse gar nicht genug Platz an der Wand. Notgedrungen lehnten wir sie also erst einmal auf dem Hof gegen den Zaun, und damit überhaupt jemand was davon hatte, drehten wir sie mit der Vorderseite zur Straße.

Mehr konnten wir im Augenblick nicht tun, denn wir mußten zum Russischunterricht. Mit den Völkern des Sowjetlandes brüderlich befreundet zu sein war eine Sache, sie zu verstehen leider eine ganz andere. Die zuständige Fachlehrerin, Frau Hopke, besaß zwar diverse Rettungsringe aus Speck rings um die Gürtellinie, aber sie drohte trotzdem regelmäßig im endlosen Ozean unserer Ahnungslosigkeit zu versinken. *Mui gowarim po russki* nannte sich ihr Lehrbuch, Wir sprechen Russisch. Das war eine grobe Übertreibung, denn von *wir* konnte wirklich keine Rede sein. Frau Hopke sprach. Wir konnten uns noch so anstrengen, dieses Unterrichtsfach blieb immer so etwas wie der Große Vaterländische Krieg in sprachlicher Form: Schon die Buchstaben tarnten sich als unergründliche kyrillische Kringel, und in der Grammatik versteckten sich gleich sechs heimtückische Fälle wie Minen im Kartoffelacker. Und die Wortendungen *-jam* und *-jom* zischten einem um die Ohren, als wären es gefährliche Querschläger.

Heute tobte die Schlacht um ein Gedicht: Es handelte von einem Jäger, der seinen Plan zum Abschuß von Niederwild nicht erfüllen konnte, weil ihm der Hase entkam. «Pifpaf, pifpaf oi oi oi, ubjegajet saitschik moi», reimte Frau Hopke gerade tapfer. Aber in unseren Hohlschädeln wollte von ihren Worten absolut nichts hängenbleiben. Nur das *Oi oi oi* echote schwach durch den gedankenleeren Raum. Ganz weit entfernt mischte sich in den Widerhall aber ein Murmeln. Es kam von draußen und wurde allmählich immer lauter.

«Ej Leute, guckt euch das mal an», rief Lausi, der ohnehin die ganze Zeit aus dem Fenster gelinst hatte.

Frau Hopke war mit ihrem Jägerlatein am Ende und versuchte eilends auf Deutsch umzuschalten, was aber nur zur Hälfte gelang: «Ruhe poschalsta.»

Doch selbst ein Ordnungsruf in Kisuaheli hätte uns nicht mehr auf den Plätzen gehalten. Wir stürzten an die Fenster und waren baff: Manometer, auf der Straße vor unserer Wandzeitung hatten sich lauter jugendliche Eckensteher mit Lederoljacken und Kofferheulen versammelt! Sie zeigten auf den Artikel, rempelten sich gegenseitig an und machten dabei große Kaugummiblasen. Und das Tollste: Auf der anderen Seite des Zauns stand unser Mond und unterhielt sich lachend mit ihnen.

Nur mühsam schafften wir es, den Rest der Russischstunde zu überleben, ohne daß uns die Neugier dahinraffte. Als dann endlich Deutsch dran war, schlug Lausis große Stunde. Er bekam ein Lob von Klassenlehrer Töselborn, und seiner Wandzeitung wurde allerhöchste Anerkennung zuteil. *Öffentlichkeitswirksam* sei sie und ganz im Sinne der Gesellschaft, weil *der Jugend das Vertrauen* gehöre. Wir freuten uns wie verrückt, weil durch die lange Laudatio ein für heute angekündigtes Diktat ausfiel. So stimmten die Interessen der Gesellschaft ganz prima mit unseren eigenen überein.

Ärgerlich war nur, daß es sich die Gesellschaft ein paar Tage später wieder ganz anders überlegte. *Der Gegner nutzt die Musik aus, um Jugendliche zu Exzessen aufzuputschen*, schrieb sie in der Zeitung. Wahrscheinlich hatte unsere Dorfjugend zu viele Kaugummiblasen erzeugt. Deshalb mußten wir laut Weisung des Direktors die wirksame Wandzeitung wieder abbauen. Aufputschmittel solcher Art konnte er nicht dulden. Manchmal konnte man wirklich glauben, es gäbe verschiedene Gesellschaften.

Mecke, Matte und der Rias-Treffpunkt

Klar, mit der Musik hatte es immer eine eigene Bewandtnis. Aber richtig verrückt wurde es erst, als der Beat kam. Es war in der zweiten Hälfte der sechziger Jahre. Die Gitarren waren elektrisch und hatten einen «Wimmerhebel». «Viel zu laut, klingt ja furchtbar, so ein Katzengejaule, mach bloß aus, in meinem Hause nicht», war das mindeste, was man zu hören bekam. Ganz ohne Verabredung hatten sich die Erziehungsberechtigten aller Instanzen vereinigt, um dem Gespenst des Beats den Garaus zu machen. Aber ihre Mühe war vergeblich, denn mit dem ollen Schunkelkabinett von *Helga Brauer, Rec Demont* oder *Ina Martell* konnte höchstens noch jemand was anfangen, der bereits Spinnweben im Gehörgang hatte.

Der Vorkämpfer des Beats war nicht einfach bloß ein Zuhörer, sondern ein *Fan*. Den voll entfalteten Beat-Fan erkannte man an seinem geblümten Hemd und daran, daß er möglichst einen alten zerknautschten Hebammenkoffer mit sich herumschleppte. Das Gepäckstück war zwar etwas hinderlich, aber es wies seinen Träger eindeutig als Geburtshelfer einer neuen Epoche aus. Weiterhin benötigte der echte Beat-Fan eine Schlaghose, wobei hier die wissenschaftlich gesicherte Erkenntnis galt: Je größer der Schlag, desto bedeutender der Fan. Gegen den erbitterten Widerstand sämtlicher Elternteile mußte der Fan heimlich die Seitennähte seiner alten Hosen auftrennen und einen Stoffkeil einsetzen – das gab ordentlich Schlag. Die allerschärfsten Fans hatten ihre Keile sogar noch mit kleinen Glöckchen versehen, wie bei den Kühen auf der Alm.

Seine eigentliche Vollendung erfuhr der Fan aber erst durch die Frisur, denn er trug die Haare lang. Für Fan*innen* war das kein Problem, aber die Jungs erregten doch erhebliches Mißfallen bei ihren Alten, die eher Fans vom ausgeschabten Nacken waren. Dabei sahen die neuen Frisuren ganz harmlos aus: Als lang galt schon, wenn die Haare eben über die Ränder der Ohren reichten oder wenn sie hinten nicht mehr mit dieser geraden Schnittlinie endeten, die wie eine Ansatzempfehlung für das Fallbeil wirkte. Unter Gleichgesinnten wurde jedenfalls schon der kleinste Millimeter, der sich irgendwo normwidrig hervorkräuselte, mit Bewunderung registriert. «Ist ja eine tolle Mecke», hieß es dann ehrfürchtig. Als Steigerungsform der Mecke gab es noch die *Matte*. So nannte sich jener wunderbar verruchte Zustand, wenn das Haupthaar bereits zur Wellenbildung überging.

Eins hatten Mecken- und Mattenträger aber gemeinsam: Sie waren die absoluten Kings auf dem Schulhof. Vorausgesetzt, es gelang ihnen überhaupt, bis dorthin vorzudringen. Der Wachdienst Staubesack & Berger hatte nämlich inzwischen auch nicht geschlafen und ein neues Kontrollprogramm ausgetüftelt. Es hieß «Kein Einlaß mit langen Loden» und diente dem Kampf gegen *Gammler*. Wir fanden allerdings, daß Gammler ein ziemlich erstrebenswertes Lebensmuster darstellten, auch wenn sie in der *Berufsberatung* nie vorkamen. Gammler waren die Ober-Fans. Sie hingen immer lässig rum und hatten grellbunte Stielkämme in den Gesäßtaschen. Lausi meinte, daß Gammler auch volkswirtschaftlich wertvoll seien, denn sie verbrauchten viel weniger Waschwasser als andere Menschen. Außerdem mußten sie nicht wie wir jeden Tag drei Stunden an der steinharten *Dessina-Seife* herumrubbeln, bis die – vielleicht – mal ein Schaumbläschen warf.

Da wir nun aber die gesamte Verwandtschaft nicht gleich als Vollgammler erschrecken wollten, beschlossen wir, erst mal Fans zu werden.

«Als Fan fetzt man echt ein», sagte Sputnik und gab damit zu erkennen, daß er auch sprachlich den neuen Anforderungen gewachsen war.

«Aber nicht ohne Beat», mahnte Dorle an.

Damit hatte sie natürlich recht. Wir mußten irgendwie für die richtige Musik sorgen. Deshalb vereinbarten wir, nach der Schule alle in Frage kommenden Klangquellen zusammenzutragen. Das Ergebnis war ernüchternd: Lausi hatte eine verbeulte Posaune mitgebracht, an der eine bleiche Schleife mit der Aufschrift

«2. Arbeiterfestspiele der DDR 1960» hing. Wir selbst konnten nur ein winziges Taschenradio der sowjetischen Bauart *Kosmos* vorweisen. Es funktionierte nach dem Prinzip: Wer am kleinsten ist, muß den meisten Radau machen, damit er nicht übersehen wird. Deshalb rauschte und krachte das Ding wie eine *WM-66-Waschmaschine*. Bloß Musik kam nicht heraus. Nur gut, daß Sputnik sein *Micki* dabeihatte. Dieses Gerät war zwar auch nur eine sehr unterernährte Kofferheule, aber es empfing wenigstens einen Sender – *DT 64*. Den hatten sie zum Deutschlandtreffen 1964 gegründet, und seit damals waren wohl auch die Sprecher nicht mehr aus dem Studio rausgekommen. Von Beat hatten die keinen blassen Schimmer, oder falls doch, mußten sie sich gut verstellt haben. An diesem Nachmittag gab es jedenfalls ein Riesengelaber über die *Zehn Grundsätze der Sozialistischen Jugendpolitik*, und kurz vor Sonnenuntergang, als die Batterien schon gute Nacht sagen wollten, folgte endlich eine Pauseneinlage. Sie wurde von einem Menschen namens Manfred Krug dargeboten. Der lebte in dem Irrglauben, er könne singen, und im Rundfunk hatten sie es leider auch nicht geschafft, ihm die Wahrheit zu sagen. Deshalb strapazierte er jetzt den Äther mit dem Lied «Wenn du schläfst, mein Kind».

«Bei der Stimme muß das Kind schon einen Hörsturz haben, um einschlafen zu können», sagte Dorle und schüttelte den Kopf. Auf dem übernächsten Grundstück fing der dicke Dobermann an zu jaulen, weil er aufgrund der Übertragung fälschlicherweise annahm, es sei Mittwoch. An diesem Tag wurden immer probeweise die Feuersirenen eingeschaltet.

«Mach bloß aus», sagte Lausi entnervt. «Sonst holt uns der Mann noch die Arbeiter-und-Bauern-Inspektion auf den Hals.»

«Wegen Überschreitung der betrieblich zugelassenen Lärmnorm für Schleifmaschinen», lachte Dorle.

«Wir brauchen eine Antenne.» Sputnik sah uns entschlossen an. «Es gibt doch noch viel mehr Sender.»

Wie nicht anders zu erwarten, hatte Lausi eine dieser kleinen Holzspulen voller Klingeldraht vom VEB Kabelwerk Köpenick in der Tasche. Er verband Sputniks Micki mit der Dachrinne unseres Hauses, und der Empfang verbesserte sich schlagartig. Genaugenommen wurde er sogar klarer, als uns lieb war, denn wie aus einem Megaphon posaunte es jetzt durch den Garten: «Hier ist Rias Berlin, eine freie Stimme der freien Welt.»

«Pssst», sagten wir erschrocken, aber der freie Mitarbeiter war nicht zu bremsen.

«Sie hören den Rias-Treffpunkt.»

Sputnik drehte den Apparat leiser, denn Rias zu hören war ziemlich schädlich für die weitere Schullaufbahn. Aber eben auch verdammt gut. Da saßen mehrere junge Herren am Rohr, die genau wußten, was in der Welt so lief. «I can get no satisfaction», klagten bei ihnen zum Beispiel die Rolling Stones ihr Leid, und die Beatles machten die geneigte Hörerschaft mit einem gewissen Sergeant Pepper und seiner Kapelle der einsamen Herzen bekannt.

«Is ja urst», sprach uns Lausi aus dem Herzen. «Bloß schade, daß wir die Musik nicht selber abspielen können.»

«Mit einem Tonband schon», meinte Dorle. Das stimmte zwar, aber die Anschaffungskosten solcher Geräte bewegten sich in astronomischen Höhen, wo sonst höchstens noch die Flugkurve von Gaby Seyfert hinreichte.

«Ach, laßt mal», beruhigte uns Sputnik, «ist doch bald Jugendweihe.»

Tatsächlich, daran hatten wir gar nicht mehr gedacht. Die Jugendweihe war ja außer dem Auftakt fürs Erwachsensein auch ein beliebtes Nachschubprogramm für unerschwingliche Konsumgüter. Unsere alten Herrschaften würden ordentlich bluten müssen, das stand jetzt schon fest.

Bis es soweit war, mußten wir in den nächsten paar Wochen aber noch das vorgesehene Pensum an *Jugendstunden* absolvieren. Eigentlich hätten wir da ganz gerne ein Probegammeln mit Biertrinken veranstaltet, aber das offizielle Programm sah wieder mal vor, daß wir die Gesellschaft kennenlernten. Und weil der einzelne gegen das allgemein Notwendige schlecht ankam, schleppten wir uns pflichtschuldig über die volle Rundenzahl. Als erstes durften wir eine verstaubte Kneipe in einem Nest besichtigen, das Ziegenhals hieß. Kurz nachdem die Dinosaurier ausgestorben waren, hatten sich dort Funktionäre der Arbeiterbewegung getroffen, um irgendwelche Beschlüsse zu fassen. Wahrscheinlich über die notwendige Vereinigung von Pilsner und Bockwurst, aber was es auch gewesen sein mochte, es interessierte keinen Schwanz.

Die nächste Etappe sah auch nicht viel besser aus: Wir besuchten unseren Patenbetrieb, die Schraubenfabrik 7. Oktober. Immerhin stimmten dort die Interessen der Werktätigen mit den unseren recht gut überein. Wir hatten keinen Trieb, uns etwas anzusehen, und sie keine Lust, uns etwas zu zeigen. Deshalb wurden wir gleich in einen großen Versammlungssaal geschoben, wo das Licht ausging und ein Film über die Wand flimmerte. «Sicheres Führen von Pferdefuhrwerken» hieß der Reißer. Er handelte von Fahrlässigkeit, und zwar ganz wörtlich. Der Kutscher pennte auf dem Bock und ließ die Gäule selber laufen. Am Ende fiel er runter, und alle waren unglücklich. Nur wir waren froh, daß wir wieder gehen durften.

Die letzte Hürde vor dem großen Tag hieß dann noch Gerhard Kast, oder auch Meister Kast. Der Mann war weder verschwistert noch verschwägert mit Meister Nadelöhr, aber er tauchte auch andauernd in der Öffentlichkeit auf. Bei uns sollte er eine Diskussionsrunde zum Thema «Planungs- und Organisationsmängel in der Volkswirtschaft» führen. Aber weil keine richtige Diskussion zustande kam, blieb ihm nichts weiter übrig, als seinen Standardsatz «Unser Betrieb darf nicht auf Kosten anderer leben» so lange mechanisch zu wiederholen, bis die halbe Klasse in hypnotische Trance versunken war. Leider verabsäumte es der Meister in dieser vielversprechenden Phase, echte Glanzlichter zu setzen, indem er ein paar schwebende Jungfrauen aus dem Publikum holte oder jemanden tonnenweise Mostrich essen ließ. Statt dessen verdrückte er sich einfach, und wir brauchten mehrere Tage, um wieder aufzuwachen. Das ließ auf erhebliche Planungs- und Organisationsmängel in der Kast-Show schließen.

Aber piepegal, Hauptsache, wir waren reif für die Welt der Erwachsenen. Unsere große Einweihung als Erwachsene sollte in der Schulaula stattfinden, wobei *unsere* nicht ganz zutraf, denn Gerda Stein tanzte wieder mal aus der Reihe und ließ auswärts in der Kirche weihen. Zur Strafe entging ihr dafür der schärfste Festredner, den sie zwischen Luckenwalde und Leningrad aufgetrieben hatten. Er wurde uns als *Abteilungsleiter Materialökonomie* eines Werks für Scheibenwischer vorgestellt. Offenbar hatte der Mann außer viel Zeit auch ein fertiges Redemanuskript, das mit wenigen Federstrichen für jeden Anlaß zurechtgebogen werden konnte.

Während wir noch zu irgendwelchen feierlichen Klängen einmarschierten, räusperte er sich schon ganz ungeduldig auf dem Podium. Und als der Festzug zum Stillstand gekommen war, belegte er uns sofort mit den Worten «Reinlichkeit und klarer Blick». Zweifellos hatte er die aus seinem letzten Hauptreferat zum Thema «Die Frontscheibe und ihr bester Freund, der Wischer» übernommen. Und im gleichen Stil ging es weiter: «Hohe Flexibilität zur Bewältigung der Aufgaben» verlangte er, als ob wir Gummis aus seinem Produktionsprogramm wären. Außerdem sollten wir uns «von den Stürmen der Zeit nicht schrecken lassen und stets mit Anspannung und Nachdruck allen Erfordernissen gerecht werden». An dieser Stelle hatte er vermutlich aktuelle Zahlen über die erforderliche Federspannung am Wischerfuß weggelassen.

Seine Ansprache war so grauenhaft, daß aus Protest sämtliche Mütter im Saal anfingen, ihre Brillen vollzuheulen. Aber dazu paßte das Thema Scheibenreinigung wenigstens. Uns wurde es langsam zu bunt. «Mensch, wann kommt denn nun das Gelöbnis?» murrte einer unserer Mitschüler halblaut. Er hatte leichtsinnigerweise auf nüchternen Magen drei Flaschen des weinhaltigen Getränks *Vipa* getrunken und bedurfte dringend einer Regulierung seines Flüssigkeitshaushalts. Der Mann am Pult kriegte wohl mit, daß Teile seines Publikums noch vor Anbruch des neuen Jahrhunderts nach Hause wollten, und schaltete von Dauerbetrieb herunter auf Intervallrede.

«Liebe junge Freunde, seid ihr bereit ...»

«Ja», sagte unser explosionsgefährdeter Mitschüler.

«... als treue Söhne und Töchter ...»

«Jawoll.»

«... als würdige Mitglieder ...»

«Ja doch.»

«... als wahre Patrioten ...»

«Ja, das geloben wir!»

Geschafft – endlich war's raus. Aber der Materialökonom fand noch was in seiner Restekiste. «Wir haben euer Gelöbnis vernommen», sagte er.

Unserem Mitschüler stand das Wasser auf der Stirn. Er hatte sich anscheinend dazu durchgerungen, sein Problem auszuschwitzen.

Der Redner sah ihn an und erklärte: «Jederzeit werden wir euch mit Rat und Tat helfen.»

«Dann soll er mal 'n Scheuerlappen bereithalten», flüsterte Sputnik.

«... Zukunft schöpferisch zu gestalten», zuckte der Oberwischer ein letztes Mal, bevor ihn die erbosten Zuhörer endgültig durch Applaus ruhigstellten.

Unser Mitschüler verabschiedete sich mit einem Alarmstart, während wir noch alle einen dicken Wälzer in die Hand gedrückt bekamen. Er hieß «Weltall – Erde – Mensch» und war nicht halb so interessant wie jene andere Lektüre, die uns eine Stunde später von unseren Eltern überreicht wurde: *Gebrauchsanweisung Tonbandgerät B 46.*

Genau das richtige Ding, vierspurig und in Stereo! Damit würde es ein Kinderspiel werden, die Zukunft schöpferisch zu gestalten. Gleich am Nachmittag fing sie schon an, die Zukunft. Unsere ganze bucklige Verwandtschaft zog zusammen mit den Hausnachbarn ins Vereinszimmer eines nahe gelegenen Gartenlokals. Aus Anlaß unserer Weihe war dort der Tisch mit einem Menü aus Schwarzwälder Kirschtorte, Fischbuletten und Hackepeter gedeckt, das die Herrschaften nunmehr unter Mitwirkung mehrerer

Flaschen *Apricot Brandy* einzuspachteln gedachten. Wir selbst gaben zum Auftakt noch ein kurzes Gastspiel, aber als der Wirt zur Erbauung der Anwesenden ein niveauvolles Programm mit Eberhard Cohrs einspielte, verkrümelten wir uns doch lieber. «Hommse mo 'ne Morg, im Gonsum do gibd's Quorg» war nun wahrhaftig nicht unsere Nummer.

Dafür wartete aber zu Hause eine sturmfreie Bude. Frau Tismer, unsere alte Hauptmieterin, hatte sich wider Erwarten nach jahrzehntelanger Bedenkzeit entschlossen, den Löffel abzugeben, und uns bot sich jetzt endgültig freie Bahn. Nichts wie das Radio eingeschaltet also, und natürlich das fetzige Tonband mit dem Diodenkabel angeschlossen. Es war einmalig: Die Gitarren jaulten so durchdringend aus der Kiste, daß die Lautsprecher ihrem Namen alle Ehre machten. Normalerweise hätte Onkel Drache nebenan wie ein Besengter mit dem Vorschlaghammer an die Wand gehauen, aber der wurde ja gerade uns zu Ehren im Lokal mit Aprikosenschnaps eingeschläfert.

Das Beat-Angebot auf Rias und SFB war an diesem Abend einfach irre: *My Green Tambourine, Pictures of Matchstick Men* und *Crimson and Clover* – ein Hit jagte den anderen. Weltall, Erde, Mensch – alles drehte sich um unsere Tonbandspule, und irgendwo da draußen hörten wahrscheinlich noch mehrere hunderttausend Gleichgesinnte zu. Hallo, Fans, wir haben euer Gelöbnis vernommen. Die ganze Welt ist eine Fischbulette, und in San Francisco schmeißen sie mit Schnittblumen rum, wo's bei uns immer bloß Alpenveilchen im Topp gibt.

Au Mann, wir hätten zur Feier des Tages doch lieber nicht die angefangene Flasche *Cotnari* aus'm Kühlschrank auf einen Ruck runterkippen sollen. Aber nun gab es kein Zurück mehr. Wir waren erwachsen.

Eine Ostrunde für den
Abschnittsbevollmächtigten

Der nächste Morgen begann viereckig und entschieden zu hell. Für unsere Freunde übrigens auch. Lausi sah noch immer ganz bleich aus, denn er hatte gestern auf Vorschlag von Vater Peschke eine Zigarre der Sorte *Jagdkammer* zu rauchen versucht. Auch Dorle wirkte nicht gerade taufrisch. Ihr Geschenk war zwar wunschgemäß ein *Ziphona-Plattenspieler* gewesen, aber Dorles Eltern hatten darauf den ganzen Nachmittag lang Othello von Giuseppe Verdi abgedudelt. «Sie saß mit Leide auf öder Heide, sah vor sich nieder, O Weide, Weide, Weide!» und noch mehr so 'n Müll. Bei allem Verständnis für Kunst – ein bißchen Spaß mußte die Sache ja nun auch machen.

Nur Sputnik zeigte sich putzmunter. Seine Feier war mächtig *jugendgemäß* verlaufen. Das heißt, sämtliche Gäste hatten ihm vorgeseihert, daß er es einmal besser haben würde als sie. Und angesichts dieser tröstlichen Aussicht war Sputnik schon um halb neun friedlich entschlummert. Immerhin hatte er auch ein Tonbandgerät geschenkt bekommen, ein ungarisches, das *Qualiton* hieß. Bislang sagte es allerdings nicht einen einzigen Qualiton, weil sein frischgebackener Besitzer die Hitparade verpönt hatte.

Aber dem Mann konnte geholfen werden. Wir waren ja nun bestens ausgerüstet, um die technische Revolution zu meistern. «Überspielen ist ganz einfach», erklärten wir nicht ohne Stolz. Dieses Zauberwort stammte von den älteren Fans. Sie knallten zwei Tonbänder zusammen und kopierten, was sie auf der Pfanne hatten. Während der Übertragung wippten sie dann mit den Köpfen und pafften eine Schachtel Zigaretten weg. Das war ein uriges Happening.

Logischerweise mußten wir einen solchen Höhepunkt der Jugendkultur auch mal ausprobieren, und deshalb verabredeten wir uns alle bei Peschkes. Dort würde man unser Treiben am wenigsten durchschauen, weshalb Lausi zur Feier des Tages außer Glimmstengeln gleich noch einen Kasten *Pilsator* beschafft hatte.

Sputnik und wir verbanden die Tonbandgeräte miteinander, Dorle wippte sich ein bißchen warm, und die Fete konnte steigen. Es kam dabei vor allem auf zwei Dinge an – über die Musik zu fachsimpeln und den Reizhusten beim Rauchen zu unterdrücken.

«*Hey Jude* ist ein Werk», sagte Sputnik zum Beispiel, als die Beatles lostönten, und das war schon mal eine irre gute Bemerkung. Werke sollten möglichst lang sein und in der Mitte ein Schlagzeugsolo haben oder wenigstens einen ordentlichen Schrei. Der größte Feind aller Werke war übrigens der Reinquatscher. Also ein Blödmann von Radioansager, der hinten in das schöne lange Werkende sülzte. Im gleichen Studio wie der Reinquatscher trieb auch noch der Abschneider sein Unwesen. Das war ein Hirnamputierter, der nie lernte, welche Werke einen doppelten Schluß hatten. Bei *Nights in White Satin* schlug der Abschneider besonders gern zu, obwohl jeder echte Fan wußte, daß dieses Werk nach einer kurzen Pause noch mal einsetzte.

«Das machen die extra so», meinte Lausi und nahm einen völlig hustenfreien Zug von seiner *Salem Gelb*. «Weil sonst kein Aas die Platten kaufen würde.» Wahrscheinlich verstand unser alter Kumpel auch 'ne Menge von bürgerlicher Nationalökonomie, aber für uns hier war die Sache einfach nur ärgerlich. *Wir* konnten die Platten sowieso nicht kaufen. Und bei bestimmten sozialistischen Werken, die im Laden am Regal festklebten, wie «Sag mir, wo du stehst» von Jugendfreund Hartmut König, hätte der Abschneider ruhig schon mal während der Herstellung einschreiten dürfen. Aber denkste, Puppe, das gab's in voller Länge.

Eine ausgespielte Nummer war ja das Größte – Donovan, der sich durch ganz Atlantis weinte, oder Barry Ryan und sein riesiges Elend mit Aloisa. Kann auch sein, daß die Dame Eloise hieß; mit dem Englischen war es ja ein bißchen schwierig, das ließ sich aus dem Radio nun mal nicht rauslesen. Und unsere tolle Qualifikation aus Frau Hopkes russischer Schnarchabteilung half da auch nicht weiter. *Wuichadila na bereg Katjuscha* konnte man höchstens als Förster Grünrock im Wald singen, damit sich die Borkenkäfer die Ohren zuhielten und vom Baum fielen. Aber als Fan war man damit untendurch. Immerhin machte uns das Deuten unverständlicher Zeichen keine Mühe, weil man so was bei der Völkerfreundschaft gleich als erstes lernt. Deshalb erfanden wir manchmal auch einfach englische Titel, oder wir sangen Textstellen mit, die gar keinen Sinn hatten. Hauptsache, es hörte sich poppig an.

Beim Überspielen fiel uns die Sache besonders leicht, denn der Kasten Pilsator erwies sich als unerwartete Sprachhilfe, wie ein Formulator sozusagen. Als er leer war, hatten wir Sputnik eine ganze Liste mit Songs zusammengelallt. Bob Dylan hätte es nach dem dritten Salem-Joint nicht besser gekonnt, und auf die *Orwo*-Bandrolle paßte auch nichts mehr. Wir waren jedenfalls alle happy, mal rein fanmäßig gesehen.

«Wißt ihr was? Wir veranstalten eine Disko», verkündete Dorle deshalb unvermittelt.

«Und ich mache den Diskjockey», schloß sich ihr Sputnik begeistert an.

«Den *Schallplattenunterhalter* meinste wohl.» Lausi kratzte sich nachdenklich eine seiner nach wie vor gut gefetteten Haarsträhnen. «Wenn du schon so was anfängst, geht's gleich in die Hose.»

«Warum?» fragten wir unbedarft, obwohl uns bereits vage dämmerte, was er meinte.

«Aber Leute», begann er an den Fingern seiner rechten Hand abzuzählen, «außer der richtigen Bezeichnung brauchen wir die Einwilligung vom Direktor, die Aula muß frei sein, und ein aufsichtsführender Lehrer ist auch vorgeschrieben.»

«Organisiere ich alles!» Sputnik war völlig hingerissen von der Vorstellung, daß ihm die Massen zu Füßen liegen würden. Wahrscheinlich dachte er an eine Art Woodstock im Zwergenland. Als wir an diesem Abend auseinandergingen, wollten wir ihm nicht recht glauben, weil die Denker ja oft nicht die praktischsten Naturen sind, aber drei Wochen später hatte er tatsächlich alles beisammen.

Statt der Aula gab es zwar nur die Turnhalle, aber ein Tänzchen zwischen den Foltergeräten hatte schließlich auch seinen Charme. Schon im Mittelalter sollen sich die Leute ja immer dann am besten amüsiert haben, wenn gerade einer aufs Rad geflochten wurde. Stabü-Rose hatte sich dazu breitschlagen lassen, die Aufsicht zu führen, aber als er unsere Tonbandgeräte und Dorles Plattenspieler sah, bereute er den kühnen Entschluß offenbar schon wieder. Seine Gesichtszüge entgleisten so ruckartig wie die Waggons beim großen Eisenbahnunglück von Langenweddingen. Hatte er gedacht, wir würden hier bloß ein bißchen zum Sandmännchenlied schunkeln?

Nein, hatte er nicht. Noch im selben Augenblick, als Sputnik über Mikro «'n Abend, Fans» in den Saal rief, stöpselte er sich die Lauscher mit zwei Ohropax-Kugeln zu, gegen die die Medizinbälle im Regal wie Murmeln wirkten. Na, um so besser, da konnte Sputnik sein Qualiton wenigstens bis zum Anschlag aufdrehen. *Born to be wild* orgelte Steppenwolf durch die Halle, und unsere zahlreich erschienenen Mitschüler hotteten los, daß das Parkett qualmte. Um den Schuppen nicht völlig in Brand zu setzen, kam als nächstes eine langsame Nummer, es war *Massachusetts* von den Bee Gees, und in diesem Wechsel ging es eine knappe Stunde lang weiter. Dann kam was ganz anderes, nämlich ein Ruf.

«Ostrunde, los, schnell 'ne Ostrunde!» erklang es von der Tür her.

«Tommy, can you hear me», erkundigten sich gleichzeitig die Who vom Tonband, aber weder Tommy noch Sputnik und schon gar nicht der Stabü-Rose konnten bei der Lautstärke bemerken, daß ein Herr den Saal betrat, den bestimmt niemand eingeladen hatte. Er knipste die grellen *Narva*-Leuchtstoffröhren an der Decke an und stiefelte schnurstracks nach vorne zu Sputnik. Stiefeln konnte er deshalb, weil er in zwei gut gewienerten Knobelbechern steckte, außerdem trug er Uniform, denn er war Polizist.

Auch Sputnik hatte nun endlich mitbekommen, wer ihn da gleich besuchen würde. Er drehte Tommy den Saft ab und warf statt dessen irgendeine Scheibe aus Dorles Beständen auf den Plattenspieler. Am besten hätte natürlich *Der Volkspolizist, der es gut mit uns meint* gepaßt, aber das war garantiert nicht dabei.

«Guten Abend», sagte der Störenfried in die entstandene

Pause hinein. «Ich bin der Abschnittsbevollmächtigte, Leutnant ...»

«Leb wohl, Emilia», dudelte in diesem Moment der Plattenspieler los. «Gute Nacht denn!» Sputnik hatte ausgerechnet Verdis Othello gegriffen.

«In welchem Verhältnis wird denn hier gespielt?» wollte Leutnant Emilia wissen.

Hinter seinem Rücken fuchtelte der ganze Saal mit den Fingern in der Luft herum. Die einen zeigten lauter Sechsen und die anderen Vieren – wenn der Polyp nicht im Wege gestanden hätte, wäre es eine prima Eiskunstlauf-Bewertung gewesen.

«Sechzig Prozent aus dem RGW und vierzig aus dem NSW», deutete Sputnik unsere Zeichen richtig.

«Du bist die Zuversicht der Reichen wie der Armen», schmetterte Dorles Phonokoffer unterdessen in der Hoffnung, den ABV mit Komplimenten weichzuklopfen.

«Und wo ist die Aufsicht?» fragte der jedoch unbewegt. Mit der Zuversicht allein mochte er es wohl nicht bewenden lassen.

Lausi tippte dem Stabü-Rose auf die Schulter. Der hatte bis dahin artig in einer Ecke gesessen und die *Fuwo*, die Fußball-Woche, gelesen. Wir konnten über sein Betragen nicht klagen.

«Roose!» stellte er sich brüllend dem ABV vor. Er hatte noch immer die Stöpsel in den Ohren.

«Leutnant ...»

«... stillest die Schmerzen, heilest jede Wunde», entzog ihm der Plattenspieler das Wort.

Weil er seinen Namen nicht sagen durfte, knallte der Leutnant wenigstens die Hacken zusammen. «Alles angemeldet?» fragte er dann rasch, als der Plattenspieler mal kurz Luft holte.

«Ganz meinerseits», sagte der Stabü-Rose und machte eine leichte Verbeugung. Hinter seiner Verkorkung hatte er vermutlich «sehr angenehm» verstanden.

«Grambeladen», tönte es plötzlich aus dem Plattenspieler, der jetzt anscheinend seinen Moralischen bekam, «auf des Lebens dunklen Pfaden.»

Der ABV schüttelte so verzweifelt den Kopf, daß ihm fast der Schirm von der Dienstmütze abgeflogen wäre. Dann machte er kehrt und stapfte davon.

«Da geht er hin», sagten wir.

«Auf des Lebens dunklen Pfaden», fügte Lausi hinzu.

«Sei mir gegrüßt», trällerte der Plattenkoffer ein halbes Jahr zu spät.

«Schaltet doch bloß das Zeug ab!» murrten die Fans im Saal.

«Leute, das mußte sein.» Sputnik warf das Tonband wieder an. «Sonst hätte er uns den Laden hier dichtgemacht. Und wie heißt es doch so schön: Einsicht in die Notwendigkeit ist der erste Schritt zur Freiheit.»

Der Satz stammte aus der Staatsbürgerkunde, und Stabü-Rose wäre bestimmt ganz stolz auf Sputnik gewesen, wenn er ihn hätte hören können. Aber er war schon wieder in seine Sportzeitung vertieft, außerdem sangen jetzt die Stones *You can't always get what you want.*

Nicht lange nach unserer Disko ging das Gerücht in der Penne um, daß irgendwo in der Nähe bald *Renft* spielen würde. Keiner kannte Renft genauer, aber alle redeten davon. Klar gab's da auch noch *Team 4,* die *Puhdys* und so, aber Renft hatte die allerfetzigsten Werke auf der Klampfe. Hieß es jedenfalls. Um es genauer zu wissen, mußten wir erst mal den Ort des Großereignisses rauskriegen. In der Zeitung stand zwar was vom *Komplexprogramm* der ökonomischen Integration, aber das aktuelle Beat-Programm suchte man vergeblich. Erst nach langwierigem Umhören schaffte es Sputnik wenigstens, eine gewisse Eingrenzung vorzunehmen: Nächsten Sonnabend, entweder im *Eisenbahner* oder bei *Rübe.* Genauer ging's nicht.

Der Eisenbahner war eigentlich nur ein Reichsbahn-Klubhaus. Aber die Bude hatte auch einen riesengroßen Saal, wahrscheinlich für den Fall, daß die Reichsbahner nach Feierabend ihre Loks mit in den Klub nehmen wollten. Rübe stand dagegen als Abkürzung für die Ausflugsgaststätte «Rübezahl». Dort riefen wir vorsichtshalber erst mal an, um uns nach Renft zu erkundigen.

«Renft?» wiederholte eine polterige Männerstimme am anderen Ende, die sich anhörte wie der Berggeist persönlich. «Jib's hier nich. Kenn ick ooch nich.»

Das war zwar eine schöne Gemeinsamkeit zwischen dem Kollegen Rübe und uns, aber sie half nicht weiter. «Nein. Ich wollte wissen, ob Renft heute bei Ihnen spielt», stellten wir deshalb klar.

«Ürjend so 'n Pflaumverein spielt, dit is richtich.»

«Und gibt's noch Karten?»

Statt der erhofften Antwort gab der Mann lediglich die Auskunft: «Drei Eisbein – schon in Arbeit.» Dann legte er auf.

«Tja, Kinder, irgendwer spielt», konnten wir unseren Freunden deshalb nur mitteilen, «und Eisbein ist noch da.»

Es half alles nichts, wir mußten einfach auf Verdacht hinfahren – Renft war nun mal eine Notwendigkeit. Der Bus Richtung Rübe platzte vor Fahrgästen aus allen Nähten, und auch im Wald auf dem Weg zur Gaststätte steckten für den Abend verdächtig viele Leute unseres Alters. Als wir dann auf den Vorplatz kamen, wurde der Verdacht zur Gewißheit: Gammler, Fans, Nietenhosen- und Meckenträger – alles war dort versammelt. Und alles wollte zu Renft. Vor der Tür zum Saal stand ein Fleischklops in Menschenkleidung. Das mußte einer jener Rausschmeißer sein, von denen man lediglich wußte, daß Übellaunigkeit zu ihrem Berufsbild gehört. Er hatte die Arme über der Klopsbrust verschränkt und wiederholte in regelmäßigen Abständen den Satz (oder die satzähnliche Äußerung): «Is allet voll. Ihr könnt wieda jehn!»

Kein Zweifel, das war Rübezahl, dessen einnehmendes Wesen wir schon am Telefon kennengelernt hatten. Andere kannten es auch, wie wir sahen, denn ein Liebespärchen drückte ihm einen Geldschein in die Hand und wurde prompt durchgelassen. Drinnen dröhnten schon die Drums los, und Renft haute in die Saiten, bloß wir standen mit ein paar hundert anderen Leuten draußen wie doof. Allerdings nicht mehr ganz vollzählig.

«Lausi ist weg», stellte Sputnik plötzlich fest.

«Wir müssen ihn suchen», meinte Dorle aufgeregt, «nicht daß ihm was passiert ist.»

Wir selbst waren da weniger besorgt. So schnell kam Lausi nicht unter die Räder.

Und richtig. Als wir auf der Rückseite des Gebäudes nach ihm Ausschau hielten, hörten wir ihn schon rufen: «Ihr lahmen Enten, wo bleibt ihr denn bloß?» Er hing ein halbes Stockwerk über uns aus einem winzigen Fenster und winkte. Dank seiner reichen Erfahrung mit Kontrollen aller Art war es ihm gelungen, sich an allen Aufpassern vorbeizudrücken. Mit viel Mühe und Geschick zog er nun jeden von uns zu sich hinein. Für Dorle wurde es ein bißchen peinlich, weil wir in der Männertoilette landeten, aber außer uns war niemand anwesend. Die ganze Meute tobte lieber im Saal, und auch wir tobten gleich darauf mit.

Renft entschädigte uns reichlich für alle Anstrengungen. Ihre Musik haute mächtig rein, und die Texte waren auch nicht ohne. Man hörte zwar nicht viel davon, aber das bißchen, was man mitkriegte, klang kritisch. War ja auch richtig so. Der neue Oberhirsch im Oberbüro hatte doch erklärt, mit den Tabus sei jetzt Schluß. Da hatte Renft ihn beim Wort genommen, und wir waren dabeigewesen.

VEB Gleichschritt

Auch sonst gab es allerhand Möglichkeiten, irgendwo dabeizusein. Zum Beispiel in der FDJ: Nachdem wir als Pioniere in die Jahre gekommen waren, folgte eine Art Beförderung, denn wir wurden Freie Deutsche Jugendliche. In dieser Eigenschaft trugen wir Sonne am Ärmel und Freundschaft auf den Lippen sowie im Geiste die Verantwortung für das Morgen. Wie man uns sagte, waren wir eine Kampfreserve, und manchmal kamen die Alten auf die Idee, sich ihre Reserven anzusehen – so wie man in den Keller geht und sich an seinen Konservenbüchsen freut. Die FDJ-Besichtigungen hießen *Festival*, und um die festliche Freude an uns noch zu erhöhen, schwenkten wir dabei bunte Winkelemente oder auch Fackeln, falls es sich um eine Nachtinspektion handelte. Alle FDJler nannten sich *Jugendfreunde*, aber nicht alle waren unbedingt jung. Die führenden Jugendfreunde im Zentralrat gehörten nämlich zu den ganz alten Reserven; sie waren gewissermaßen die eiserne Ration im Vorratsregal der Gesellschaft und wurden nie verbraucht. Vor allem den Egon hatte man sich bis zum Schluß aufgespart, und als er dann endlich benutzt werden sollte, war er längst verdorben.

So gesehen erbrachte die FDJ weder für den einzelnen noch für das große Ganze besonders viel Nutzen, aber wer bei Notwendigkeiten immer gleich nach dem Zweck fragte, zeigte keine Einsicht. Und wenn man dazu nicht gelangte, gelangte man auch kaum zum Abitur. Deshalb schwiegen wir lieber einsichtsvoll, dämmerten uns durch die Versammlungen und versteckten das Blauhemd danach schnellstmöglich.

Neben einem Jugendfreund war es auch möglich, ein *Kamerad* zu werden – dafür sorgte die Gesellschaft für Sport und Technik. In diesem Verein hatten sie das Pioniermanöver quasi zum Dauerzustand erhoben. Pausenlos wurde kommandiert und irgendeine Taktik geübt. Das erfuhren wir von Sputnik, der leichtsinnigerweise angenommen hatte, er könne in der GST das Segelfliegen lernen. Statt dessen war er in eine graue Kluft gesteckt und zu der Maßnahme «Die Anwendung von Bohnerwachs in Massenunterkünften» abgeordnet worden. Und als es dann endlich mit der Fliegerei losgehen sollte, hatten sie die Kameraden wochenlang mit politischem Kram vollgequatscht, damit sie bloß nicht in den falschen Wind gerieten und nach Westen absegelten. Sputnik hatte irgendwann das *Frottana*-Handtuch geschmissen, aber die GST holte ihn trotzdem noch mal ein, so wie uns alle. Wir mußten bei ihr nämlich die *Vormilitärische Ausbildung* absolvieren, was mehrere Wochen Lagerleben in der bewußten grauen Kluft bedeutete.

Lager konnte, wer wollte, bei uns zuhauf kennenlernen. Wem bei den Freien Deutschen Jodlern ein Posten angedreht worden war, der mußte gleich ins FDJ-Lager zur Anleitung. War jemand ein Tüftler, der was erfinden wollte, dann landete er postwendend im Spezialistenlager, wo er mit anderen Tüftlern zusammengesperrt wurde, um sich auf die «Messe der Meister von morgen» vorzubereiten. Die *Sportsfreunde* wiederum quälten sich im Trainingslager herum, bis sie irgendwann zur Spartakiade fahren durften, um ihr Blech einzusammeln. Bei der Zivilverteidigung gab's Lager, wo sie ausgestopfte Verletzte durch die Gegend rollten, und das Deutsche Rote Kreuz verschickte seine Helfer zu Verbandswochen in die Mulldeponie – wohin auch das Auge blickte, überall Baracken und Zelte. Und wenn wir die eine Auslagerung glücklich überstanden hatten, erwarteten uns in der Schule schon die Vorboten des nächsten Camps.

Es war ungefähr ein halbes Jahr vor der großen Abschlußprüfung, als wir alle zum Direktor mußten. Oder genauer gesagt, alle Jungs und alle einzeln. Wir gehörten mit zu den ersten und konnten uns deshalb nicht so richtig auf das vorbereiten, was da kam. Aber es kam sowieso nicht, es war schon da.

«Oberleutnant Krumbiegel», hieß es nach eigenen Angaben.

«Freilich», erwiderten wir.

«Bitte?» Der Oberleutnant hatte nicht ganz verstanden.

«Bernfried Freilich.»

«Ach so, ja, ja. Rühren.» Er überflog die gelbe Karteikarte, die vor ihm auf dem Tisch lag. «Nee, Quatsch, Kommando zurück», sagte er dann. Womöglich stand auf der Karte, daß hier mit Rührung nichts zu machen war. Und auch nicht mit langem Drumherumreden.

«Freilich, die Sache ist die», kam er gleich auf den Punkt, weil draußen ja noch mehr Kundschaft wartete, «der Imperialismus, Sie wissen ja Bescheid, nichwahr, Aggressivität, Streben nach militärischer Überlegenheit und so.»

Wir nickten.

«Deshalb einfache Frage an Sie als bewußten jungen Menschen, Sie verstehen schon, jemand von Ihrem Schlag wird bei uns gebraucht.»

Obwohl das gar keine Frage gewesen war, nickten wir noch

mal. Soweit hatten wir schon kapiert; es gab nur zu viele, die uns alle gleichzeitig brauchten.

«Kurzum, Sie sind also bereit, Berufsoffizier der Nationalen Volksarmee zu werden, nichwahr.» Er zückte die Karteikarte und einen offenbar infolge von imperialistischen Kriegseinwirkungen verstümmelten Bleistift der Marke *Koh-I-Noor*, mit dem er unseren Namen abhaken wollte.

«Na ja», versuchten wir ihm vorsichtig in die Militärparade zu fahren, «da gibt es aber schon andere Pläne.»

Er blickte so erstaunt auf, als wenn gerade die ganze NATO unangemeldet zur Tür hereinkäme. «Andere Pläne?»

«Erst mal studieren», sagten wir und fügten rasch noch hinzu: «Außerdem hapert's mit der Eignung zum Kommandieren.»

Er winkte ab. «Wo eine Notwendigkeit ist, ist auch eine Eignung, sage ich immer. Und beides liegt hier vor, nichwahr.»

Was hier vor allem vorlag, war eine saublöde Situation, denn unser Gedankenfach gähnte nun leer wie ein Brotregal am Freitagabend. Weit und breit kein Einfall in Sicht, der uns noch vor einer Laufbahn als Feldherr bewahren konnte. Macht's gut, Fans, Bernie wird gleich zum Opfer bedeutender Einsichten.

Genau an diesem toten Punkt klingelte es zur Hofpause. Der Werbeoffizier Krumbiegel zuckte zusammen und schaute mürrisch auf seine Armbanduhr. Zu Hause in der Kaserne warteten die schönsten Kriege auf ihn, und er mußte sich hier mit uns Knallköppen rumärgern.

«Also, wenn nicht Offizier, dann wenigstens eine Verpflichtung zum Wehrdienst für drei Jahre», schlug er vor.

Sieh mal an, meldete sich der verlorene Kopf zurück, er fängt an zu handeln. Mal sehen, was er noch im Angebot hat. Ohne etwas zu sagen, hoben wir nur hilflos beide Hände und zuckten mit den Schultern. Ein Taubstummer beim Rundfunkinterview war gar nichts dagegen.

«Oder zu den Grenztruppen, nichwahr. In vorderster Linie, Auge in Auge mit dem Gegner. Besonders verantwortungsvoll.»

«Ich bin farbenblind», gab unser Mund wie von selbst bekannt.

Das entsprach zwar der Wahrheit, denn wir konnten beim Doktor nie diese bunten Kullerchen unterscheiden, hinter denen angeblich Zahlen steckten. Aber Quatsch war es trotzdem, denn der Grenzgegner würde wohl kaum als verkleidete 93 herumhüpfen. Immerhin hatte der Oberleutnant jetzt die Nase voll. «Grundwehrdienst also», nuschelte er griesgrämig und schrieb einen langen Text auf die Karteikarte, den wir gerne gelesen hätten. Doch selbst das kürzeste militärische Leben war offenbar noch so geheim, daß der Lebensinhaber davon nichts wissen durfte.

Aber unter uns Freunden konnten wir wenigstens einen Erfahrungsaustausch veranstalten. Er wurde am Abend in der HO-Gaststätte «Vier Linden» durchgeführt. Die Linden waren schon vor Jahren von einem Lastwagenfahrer umgerammelt worden, der wegen starken Durstes statt in die nächste Querstraße direkt in den Vorgarten abgebogen war. Das Etablissement selbst führte nur Flaschenbier, weil der Zapfhahn kaputt war, und eine Speisekarte suchte man auch vergeblich. «Bockwurscht, Bulette, aus», gab der Kellner auf Befragen die Menüfolge bekannt. Der größte Stolz des Hauses war ein zerkratztes Plastikschild neben der Tür, auf dem stand: «Unser Kollektiv wurde mit dem Diplom der gepflegten Gastlichkeit ausgezeichnet.» Für den Laden sprach eigentlich nur, daß er direkt am Schulweg lag – und daß zwei Stockwerke über dem Loch die schöne Friederike von Sternfeld wohnte. Sie ging in unsere Parallelklasse, und die gesamte Männerwelt bis zum Ural himmelte sie an. Manchmal, an besonderen Glückstagen, schwebte das holde Märchenwesen sogar herunter, um an der Theke ein paar *Konsü-Waffeln* zu kaufen.

Heute allerdings hätte auch Larissa Lushina im FKK-Look hereinkommen können, ohne daß sie jemandem aufgefallen wäre, denn es gab schlechte Nachrichten.

«Ich muß euch was sagen», druckste Sputnik herum, kaum daß wir saßen, «ich gehe drei Jahre zur Grenze.»

«Schöner Mist», entfuhr es Lausi. Normalerweise hätte er für diesen Fluch eine Runde wegen Verletzung der Tischsitten ausgeben müssen, aber niemand nahm davon Notiz.

Dorle sagte gar nichts. Sie sah aus, als würde sie gleich in ihr Glas weinen, obwohl das Bier weiß Gott schon dünn genug war.

«Ach, laß mal, kannst doch nichts dafür», versuchten wir Sputnik zu beruhigen. «Ich wäre um ein Haar als Offizier bei dem Krumbiegel wieder rausgekommen.»

Tröstend legte bei diesen Worten jemand seine Hand auf unseren Unterarm. Es war doch tatsächlich jene leibhaftige Fee, für die wir notfalls 500 Jahre Wehrdienst am Grenzfluß Amur geschoben hätten: Friederike! Ohnmacht, weiche von uns!

Irgendwie hatte sie mitbekommen, daß unser Kollektiv heute nicht gerade mit dem Diplom der gepflegten Heiterkeit ausgezeichnet worden war. Und sie mußte deshalb direkt aus dem Himmel zu uns heruntergeeilt sein wie Arthur der Engel, nur eben als Frau und ganz unwiderstehlich. Aus der Nähe sah sie noch viel umwerfender aus – makellos schlank, bis auf die paar Stellen, an denen sich was Wichtiges wölbte, mit Augen so braun wie die wunderbaren Nougatstangen für siebzig Pfennig und einem dicken blonden Zopf, dessen Länge höchstens noch von der des Beifalls im Zentralkomitee übertroffen wurde. So weilte sie also unter uns Sterblichen und spendete Trost. Im Grunde hätte sie ja bei Sputnik spenden müssen, statt dessen hielt sie sich jedoch noch immer an unserem Arm fest. Aber ehrlich: So ein Zaubergeschöpf hätte nicht mal der Edelindianer Gojko Mitic an die richtige Adresse verwiesen, und der war als nobler Charakter niemals zu überbieten.

«Seid nicht traurig, das geht vorbei», sagte Friederike jetzt. Ihre Stimme klang hell und klar wie der Thomanerchor, und sie hätte auch sagen können «Der Mars ist ein Klappstuhl» – es wäre nicht weniger eindrucksvoll gewesen.

Glücklicherweise entfuhr dem gastlichen Kellner in diesem Augenblick ein gasförmiges Verdauungsprodukt, so daß wir alle wieder in die Wirklichkeit zurückgeholt wurden.

«Recht hat sie», stimmte ihr Lausi zu. «Was uns nicht umhaut, macht uns stark.»

Sputnik grinste tapfer. «Sechsunddreißig Monate hört sich gar nicht so lange an.»

«Und unser alter Grundsatz gilt sowieso weiter», erklärte Dorle.

«Genau», fielen wir ein. «Wenn Stürme auch toben ...»

«... wir bleiben oben!» beendete Friederike den Satz. Es war erstaunlich. Sie kannte uns besser, als wir dachten.

In den folgenden Wochen schoben sich die Ereignisse so dicht zusammen wie die Mieter in einer Neubauwohnung Q 3 A. Als erstes nahm uns die Liebe mächtig in den Schwitzkasten, denn die Miss Sozialistisches Weltsystem, die sagenhafte Friederike, sie ging mit uns! Das Glück war kaum zu fassen. Das Unglück leider auch nicht, denn die Fahne rückte uns immer näher auf den Pelz. Ständig hin und her gerissen zwischen diesen beiden Gefühlsregungen, legten wir in der Penne noch allerlei Prüfungen ab: Die Amylasen grüßten in Bio, die Planetensysteme verhedderten sich in Astronomie, und in Mathe überfiel uns die vollständige Induktion. Insgesamt kamen wir ganz leidlich klar, vor allem weil wir zwischendurch zur Entspannung mit Friederike rumknutschten. Trotzdem dachten wir immer öfter an den VEB Gleichschritt. Aus Spaß nannten wir ihn untereinander auch *Hoffmanns Trachtentruppe*, nach dem Verteidigungsminister, aber der Spaß blieb einem schnell im Halse stecken.

Dafür sorgte das Wehrkreiskommando, indem es uns erst zur Musterung und dann noch mal zur Musterungsüberprüfung bestellte: Eine Ärztin, so massig wie der Brachiosaurus im Berliner Naturkundemuseum, brüllte durchs Zimmer, ob man sie hören könne. Wer ja sagte, war tauglich, wer nein sagte, auch, denn er war ein Simulant. Vielleicht hätte man es mit was ganz anderem probieren sollen, wie «Gute Besserung, Herr Kreisschornsteinfegermeister» oder so, aber zum Überlegen blieb uns gar keine Zeit. Die Saurierin mußte nämlich unbedingt noch vorne in unsere Unterhosen reinglotzen. Inwieweit das dortige Inventar zur Verteidigung der Heimat benötigt wurde, war einigermaßen schleierhaft. Aber man wußte ja nie – vielleicht suchten sie noch Personal für eine neue Sondertruppe: Da ließen sie bloß die Hosen runter, und schon rannte der Feind kopflos davon. Wir schienen dafür aber nicht geeignet, denn das Abschlußurteil lautete kurz und vernichtend «Mot. Schütze». Wenn man den Motor wegließ, war's wirklich wie Schütze Arsch im letzten Glied.

«Wieso ärgerst du dich denn darüber?» fragte Friederike später, als wir ihr davon erzählten. «Du willst doch nicht General werden.» Das stimmte allerdings; sie war wirklich eine begnadete Trösterin. Besonders wenn sie einen unter ihren langen Haaren begrub und die Grillen dazu im hohen Gras zirpten.

Die Schule spie uns in einen letzten heißen Sommer aus. Aber irgend jemand hatte an der Sonne gedreht, so daß sie wie irre über den Himmel raste und die Tage ganz schnell vergingen. Unsere Postfrau, frei nach Fallada auch die Briefschleiche genannt, stemmte sich zwar weiter in bewährter Weise gegen alles, was mit Tempo zu tun hatte, aber eines Tages im Frühherbst wuchtete sie doch jene schicksalsschwere Postkarte ins Haus, auf der unser weiteres Wohl und Wehe in knappen Worten vorgezeichnet war. Gemäß Paragraph x y Gesetz soundso, stand da, haben Sie sich zur Ableistung Ihres Pipapo am Dings um Bums in – in! in! in! – *Grahmsdorf* einzufinden. Du liebe Güte, anderthalb Jahre in Grahmsdorf, wahrscheinlich lag dieses Käsekaff gleich hinter Lenins Verbannungsort in Sibirien. Hektisch blätterten wir den Reiseatlas aus dem Tourist-Verlag durch, und siehe da, es war gar nicht so weit entfernt: nur eine gute Stunde mit dem Zug. «Du kannst bestimmt zwischendurch schnell mal nach Hause kommen», meinte Friederike. Wir glaubten ihr nur allzugern.

Unser Kumpel Lausi hatte übrigens auch eine herzliche Einladung nach Grahmsdorf bekommen. Während wir uns selbst dort schon im Geiste bei einer Art gemütlichem Klassenkostümfest sahen, machte ihn dieser Zufall eher mißtrauisch. «Das muß ja 'n Riesending sein, wenn sie gleich zwie von uns da hinschicken. So was wie Eggesin», argwöhnte er. Eggesin klang nun allerdings gar nicht tröstlich. Selbst wer nie mit der NVA in Berührung gekommen war, kannte das Nest als die *Stadt der drei Meere*: ein Sandmeer, ein Baummeer und weiter gar nichts meer. Genau dort mittendrin verdämmerten mehrere tausend Muschkoten ihr Dasein. Na hallo. Hoffentlich ging es uns nicht auch so.

Zwei Wochen später erfuhren wir Genaueres. Der Tag unserer Notwendigkeit war passenderweise regenverhangen und grau. Ausgestattet mit einem alten Vulkanfiberkoffer und den besten Wünschen der Familie trotteten wir zum vorgegebenen Sammelplatz hinter der Gemeindeverwaltung. Zwei kränklich wirkende G-5-Militärlastwagen sollten uns von dort nach Grahmsdorf bringen. Auf dem einen hockte schon Lausi. Er machte sich gerade einen Unterleutnant zum Freund fürs Leben, indem er ungenehmigt ein Würstchen aus seinem mitgebrachten Proviantvorrat aß. «Ohne ausdrücklichen Befehl geht ab sofort gar nichts mehr», klärte ihn der Kollege Offizier in scharfem Ton auf.

Wie wir gleich anschließend feststellten, war das aber nur die eine Hälfte des fortan geltenden Regelwerks, denn auch *mit* ausdrücklichem Befehl ging manches nicht mehr. Zum Beispiel der Motor unseres G 5. Er wollte ums Verrecken nicht anspringen, weshalb sich beide Wagenbesatzungen nun gemeinsam in den einen verbliebenen Laster quetschen mußten. Bloß gut, daß wir uns schon letzte Nacht von Friederike verabschiedet hatten. Achtzig Kerle, die einander paarweise auf dem Schoß hockten – das erinnerte mehr an einen überbuchten Himmelfahrtsausflug vom Schwulenheim als an die heldenhafte Erfüllung vaterländischer Wehrpflichten.

Als wir uns in der unmöglichen Fuhre schon diskret aus dem Dorf entkommen glaubten, wurden wir aber doch noch bemerkt. Vor dem Konsum stand Dorle am Straßenrand. Sie hatte beide Hände voll mit Einkaufsbeuteln und konnte nicht winken. Deshalb blies sie sich nur eine ihrer hübschen Korkenzieherlocken aus der Stirn und rief uns etwas nach. Es ging im Lärm des Lasters unter.

«Hast du was verstanden?» fragten wir Lausi.

«Weiß nicht recht», sagte er, «klang wie so 'n Spruch: Wer schaffen will, muß fröhlich sein.» Er schraubte eine Flasche *Blauen Würger* auf und nahm einen langen Zug.

«Humor hat sie ja.» Wir griffen nach der Schnapsflasche und tranken auch.

«Sie hat ihn, und wir werden ihn brauchen.» Lausi leerte den Rest auf einen Schlag und warf die Flasche hinten aus dem Wagen, wo sie laut klirrend auf der Straße zerschellte.

Der Unterleutnant hämmerte vorne in der Fahrerkabine an die Wand: «Sofort einstellen, das dahinten!»

«Halt's Maul, Unterlulli!» beschied ihn frohgemut einer der beiden Unteroffiziere, die hinten an der Klappe saßen. Sie sollten eigentlich für Ordnung sorgen, hatten sich aber für die erheblich interessantere Gefechtsaufgabe entschieden, den nachfolgenden PKW-Verkehr mit selbst geleerten Bierflaschen zu bombardieren.

Begleitet von dem begeisterten Hupkonzert dankbarer Autofahrer rollten wir kurz darauf in der Kaserne ein. Dort hatten sie anscheinend erst vor zehn Minuten erfahren, daß heute noch ein paar neue Spielgefährten kommen würden, denn es herrschte eine Riesenhektik. Einige Soldaten versuchten, im strömenden Regen ein Zelt zu errichten, das immer wieder zusammenfiel, andere schoben dunkelgrüne Kübel über den Platz, in denen sowohl das Mittagessen als auch bakteriologische Kampfstoffe stecken konnten; vielleicht gab es zwischen beiden sowieso keinen Unterschied. Am Rande des Geländes marschierten verschiedene Häuflein planlos herum, mehr in der Mitte zeigten sich zwei Offiziere gegenseitig einen Vogel – es war das blanke Chaos. Und wir kamen als integraler Bestandteil dazu.

Nach einer mehrstündigen Wartezeit wie bei Goldfischen im neuen Aquarium schickte man uns durch dunkle Kellergänge, wo wir uns ausziehen, wieder anziehen und noch mal ausziehen mußten. Dann bekamen wir eine Spritze in den Oberarm geknallt, und ein Wurzelgnom, der kaum über den Tisch gucken konnte, katapultierte eine Ladung Uniformstücke in die Luft, aus der sich jeder etwas griff, das irgendwie Bedeckung von Blöße versprach. Als Zugabe wurden wir noch mit Zeltplanen, Kochtöpfchen und einer zusammenklappbaren Schippe bedacht – es war wie eine irrtümliche Weihnachtsbescherung für Campingfreunde.

Vollgepackt mit diesem ganzen Krempel, durften wir dann endlich in die Quartiere gehen. Oder nein: Wir *rückten in die Mannschaftsunterkünfte ab*, wie es militärisch hieß. Als wir die sahen, wären wir allerdings am liebsten sofort wieder *aus*gerückt. Von einem langen Korridor zweigten mehrere Verschläge ab, die ohne weiteres als Karnickelbuchten durchgegangen wären, wenn darin nicht an einem schmierigen Tisch irgendwelche Lebewesen geklebt hätten, die vor Antritt ihres Wehrdienstes einmal Menschen gewesen sein mußten. «Ihr Spritzer», rülpste eine dieser Kreaturen, «ihr pennt oben.»

«Rotärsche immer», bekräftigte eine andere und ergänzte: «Wir sind nämlich die EKs.»

«Die was?»

«Die Entlassungskandidaten, ihr Sprutze!»

Das war eine ermutigende Erklärung. Die Gesellschaft draußen würde an diesen Schießbudenfiguren zwar keine Freude haben, denn als geheilt wurden die ganz gewiß nicht entlassen. Aber wir durften wenigstens hoffen, sie bald los zu sein. Vorerst jedoch deuteten die Ungeheuer von Loch Grahmsdorf auf ein Gewirr aus kreuz und quer herumstehenden Metallgestellen, in dem wir uns einrichten sollten. Doppelstockbetten kannten wir ja dank einschlägiger Lagererfahrungen schon, aber hier türmten sich die Dinger aus Platznot sogar dreifach übereinander. Und neu war in dieser verkehrten Welt auch, daß sich die Beletage offenkundig im Erdgeschoß befand, während das Souterrain im dritten Stock lag.

Aber zum Schlafen war noch längst keine Gelegenheit, denn als nächstes mußten wir unsere schöne Mecke abschneiden lassen. Diese schmerzhafte Operation wurde von einem pickligen Kerl im Unterhemd durchgeführt, bei dem es sich um einen Artgenossen der Grottenolme auf unserer Bude handelte. «Koppelbreit über den Ohren», begrüßte er uns grinsend, um dann noch hinzuzufügen: «ihr Jahressilos.» Das eine bezog sich auf die zu erwartende Länge des Haarschnitts, das andere auf die zu erwartende Länge unserer Anwesenheit in diesem Pandämonium.

In seinem früheren Leben hatte der Rohling ganz zweifellos

den Rasenmäher beim Gartenamt bedient, jedenfalls sah seine Lieblingsfrisur, das Modell Ritschratsch, so aus. Die Haare flogen in hohem Bogen durch den Nationalen Volkssalon, und wir verloren bei der intensiven Mahd Lausi aus den Augen. Vielleicht war er auch noch ganz in der Nähe, aber als Mitglieder der Glatzkopfbande erkannten wir einander nicht mehr.

Dafür lernten wir ersatzweise einen Herrn kennen, der behauptete, Hauptfeldwebel Nolte zu sein und uns nun in den Speisesaal führen zu wollen. Beides war gelogen, denn der Mann wurde von den älteren Zoobewohnern nur «der Spieß» genannt, und was er hochtrabend als Speisesaal angekündigt hatte, stellte sich bei näherer Betrachtung als überdachte Abfalldeponie heraus. Es stank so bärmäßig, daß man sich schon auf die ersten Übungen mit der Gasmaske freute. Und damit nicht aus Versehen die unschuldige Zivilbevölkerung von diesen Ausdünstungen dahingerafft wurde, waren sämtliche Ritzen und Löcher des Gebäudes sorgfältig verschlossen. Allerdings mit Fett oder Schimmel.

«Heute jibt's Jummiadler», informierte uns ein als Koch verkleideter Müllarbeiter.

Wir hielten ihm den Teller hin, er warf etwas drauf, und dann sahen wir es selbst: Unser treuer Bundesgenosse, das Brathähnchen, war auch zum Wehrdienst einberufen worden.

Egon Olsen und der gelbe Zitronenfalter

Kaum waren wir weg, waren draußen, in der Welt der Lebenden, offensichtlich goldene Zeiten angebrochen. Das Brathähnchen hieß jetzt jedenfalls *Goldbroiler*, und es kam selbst hier in der Kaserne als kiloschwerer Apparat auf unsere *Sprelacart*-Tische.

«Ist doch schön», befand ein ebenfalls frisch gepreßter Soldat neben uns.

«Meinst du das im Ernst?» fragten wir ungläubig zurück und dachten gleichzeitig: Der Junge hat vielleicht Nerven.

«Aber klar», strahlte er über alle vier Backen, «wenigstens das Geflügel ist ordentlich im Futter, wenn sie uns hier schon auf Halbmast setzen.» Seine Jacke war zwei Nummern zu groß, so daß bei ihm Messer und Gabel direkt aus den Ärmeln zu wachsen schienen. Außerdem hing hinten am Hals ein Lappen von undefinierbarer Farbe heraus, die sogenannte Kragenbinde, ein festknöpfbares Stoffstück, welches laut Vorschrift stets blütenweiß zu sein hatte. Es konnte aber keine Vorschriften lesen und war deshalb stets glasig grau. «Übrigens, ich bin Brücke», stellte sich der Hauptpreisträger im Wettbewerb um das Sakko des Jahres vor, «also eigentlich Herbert Brückner.»

Wir wollten gerade «angenehm» oder was ähnlich Höfliches sagen, aber der Spieß unterband weitere Artigkeiten durch die originelle Bekundung: «Sofort Ruhe da, sonst mache ich mit bei Ihrer Konservation!»

Also tasteten wir nur in Brückes Ärmelröhre herum, bis wir seine Finger gefunden hatten und ihm wortlos die Hand schütteln konnten.

Brücke war ein echter Glücksfall. Er ließ sich einfach nie unterkriegen, ganz egal, wie dicke es kam. Und es kam dicke genug bei dem folgenden mehrwöchigen Unternehmen, das sich Grundausbildung nannte. Irgendwer in der Generalsetage hegte die fixe Idee, uns unbedingt zu richtigen Soldaten machen zu wollen. Dabei hätte er uns windschiefe Gestalten lieber vorher mal ansehen sollen: Jede Schlacht, an der wir teilnahmen, konnte man von vornherein verlorengeben. Ja, wir wären erst gar nicht am Ort des Geschehens eingetroffen, denn schon das Marschieren klappte nicht. Schuld daran war «das Dreibein», ein Paßgänger in unserer Kompanie, der es spielend schaffte, mit einem einzigen falschen Schritt hundert Leute ins Wanken zu bringen. Einmal legte er uns sogar komplett flach, als gerade der Regimentsboß aus seinem Zimmer unserem Abmarsch zuguckte. Vor Freude über unsere Bodenhaftung lief der Alte so rot an, als ob er mit seinem besten Stück in die Steckdose geraten wäre. Anschließend durften *wir* dann anlaufen, und zwar zu einer Extrarunde 3000 Meter.

Das Exerzieren war genauso ein Ei. Mehrere Männlein aus unserem Haufen hatten bei der Volksbildung schon nicht mehr durchgeblickt, als der Unterschied zwischen rechts und links abgehandelt wurde. Deshalb drehten sie sich bei richtungweisenden Befehlen einfach nach Gutdünken irgendwohin um, wo sie Mekka vermuteten oder den Zentralfriedhof der Sozialisten. Außerdem knallte Brücke aus Versehen bei «Gewehr ab» dem Dreibein seinen MPi-Kolben auf den großen Onkel, was der Inhaber des geplätteten Zehs mit lautem Geheul quittierte. Auch der Spieß stellte uns für diese vorbildliche Leistung eine Quittung aus, indem er uns mit einem Sonntag im *Außenrevier* beglückte. Dabei handelte es sich nicht etwa um den geheimen Rothirschpark der Landstreitkräfte, sondern um einen selbstwachsenden Dreckhaufen auf dem Kasernenhof, den wir umgraben mußten, weil darunter ein größeres Braunkohlevorkommen vermutet wurde.

Die letzte Hoffnung der NVA, uns doch noch irgendwelche kriegerischen Fähigkeiten abzutrotzen, war die Militärische Körperertüchtigung. Doch auch diese Hoffnung trog. Was Frau Rempow nicht geschafft hatte, gelang auch dem hiesigen Verein nicht. Kraftlos wie nasse Säcke hingen wir bereits nach dem ersten halben Klimmzug an der Reckstange, oder wir fielen von langen, durchhängenden Seilen in eine eigens vorbereitete Sandkiste. Auch sonst sprangen wir zu kurz, rannten zu langsam und klommen zu niedrig. Selbst die Anwendung einer Geheimwaffe brachte keine besseren Resultate.

Diese Geheimwaffe hieß Oberleutnant Hahn und fungierte als unser Kompaniechef. Wenn Hahn losbrüllte, verhedderte sich die Erde beim Drehen, und Generalsekretär Breschnew raunzte im Kreml noch seine Schreibkraft an, daß sie im Vorzimmer gefälligst das Radio leiser drehen sollte.

Dieser Hahn trompetete uns nun entgegen: «Das kann doch alles nicht wahr sein!» Um ein Haar hätte der Offizier vom Dienst Alarm ausgelöst, weil er dachte, die Amis säßen schon im Lautsprecherwagen vor dem Tor und verlangten, daß wir mit erhobenen Händen rauskommen. «Ihr glaubt wohl, ihr könnt euch hier einen Lenz machen», tobte der Oberleutnant weiter, «einfach abseilen, auf den Sack legen und die Nüsse schaukeln, was?»

«Kikerikiii!» rief es da plötzlich in einer seiner wenigen Atempausen aus einem angelehnten Kasernenfenster hinter ihm. Hahns letzte Sicherung brannte durch.

«Na wartet, euch zeige ich den dicken Regimentsdaumen. Kein Gruppenausgang bis zur Vereidigung. Ausnahmslos!» Damit beendete er die Sendung und ließ uns wegtreten. Zu seiner besonderen Freude traten wir wie gewohnt in drei verschiedene Richtungen weg.

Seine Strafe juckte uns übrigens wenig, denn Gruppenausgang hieß, daß zehn Mann abends unter Aufsicht ein Bier trinken gehen durften. Aber für diesen Kurzbesuch im Freigehege mußten sie vorher stundenlang ihre Schuhe und sämtliche Knöpfe an der *Pferdedecke* polieren. So wurde der schwere Ausgehmantel genannt, dessen Gewicht eigentlich nur ein Gaul tragen konnte. In dem Ding mußte man immer genau auf die Tragfähigkeit aller Brücken am Wege achten, denn bei weniger als einer Tonne Belastbarkeit wäre man garantiert durchgekracht. Nee nee, der ganze Aufwand lohnte sich überhaupt nicht. Statt dessen wollten wir uns lieber den angekündigten Film im großen Saal der Kaserne ansehen: Die Olsenbande fährt nach Jütland. Den kannten wir natürlich schon, aber es war einfach tierisch, wie Egon, der Chef, immer einen neuen Plan hatte, den sein Kumpel Benni dann «mächtig gewaltig» fand. Dreibein gefiel natürlich Kjeld am besten; das war der Dritte im Bunde, der immer aus dem Tritt geriet. Zu unserer gegenwärtigen Lage paßte aber auch Dynamit-Harry ganz gut – dieser kaputte Sprengmeister, der regelmäßig die Nitroglyzerinflasche mit der Schnapspulle verwechselte.

Es dämmerte bereits, als an diesem Abend die Soldaten in ihren grau-weißen Trainingsanzügen von allen Seiten über den Platz zum Saal geeilt kamen. Die Hütte war außerordentlich gut besucht, und kurz nachdem wir die letzten freien Stahlrohrstühle gegen den Widerstand feindlicher Interessenten erobert hatten, wurde es dunkel. Der Projektor stand frei im Raum und rasselte drauflos, daß es eine Freude für jeden Panzerkommandanten war. Trotzdem hörten wir schon das typische Klarinettenthema des Vorspanns, und gleich würde Egon Olsen wie üblich zur Eröffnung aus dem Knast entlassen werden. Aber es passierte etwas ganz anderes.

«EKs, wo seid ihr?» brüllte eine anonyme Stimme.

«Hier!» antwortete nahezu der gesamte Saal. Beim Thema Entlassung fühlte sich offenbar jeder angesprochen.

«EKs, was trinkt ihr?» verlangte die Stimme nunmehr zu erfahren.

«Bier!» gab der Saal erwartungsgemäß zu Protokoll.

Fast zeitgleich ging das Licht wieder an und der Projektor aus. Durch den Mittelgang trampelte wutentbrannt ein *Raupenschlepper* nach vorn. Das war ein Offizier der höheren Ränge, die man an ihren raupenartig geflochtenen Schulterstücken erkannte. «Wenn ich noch einen einzigen Ton höre», drohte er, «dann lasse ich die kulturelle Maßnahme ausfallen. Sie haben es also selbst in der Hand.»

Die Angesprochenen hatten es aber mehr in der Kehle, denn nachdem der Film wieder angelaufen war, ging auch die Nebenvorstellung weiter.

«EKs, was trinkt ihr nicht?» lautete die nächste Frage des vorgeschriebenen Textes.

«Brause!» kam prompt die Erwiderung.

«EKs, wo wollt ihr hin?» steigerte sich die Stimme zum großen Finale.

«Nach Hause», krakeelten daraufhin alle.

Genau auf dieses Stichwort hin erschien auch der Raupenschlepper wieder. Er ließ den Projektor abschalten und den Saal räumen. Seine Routine verriet, daß er diese Vorstellung bestens kannte.

«War ja mächtig gewaltig», meinte Brücke auf dem Rückweg, «wir sind wohl gerade in die internationale Kurzfilmwoche geraten.»

«Pech nur für Egon Olsen», sagten wir lachend, denn Brückes Sarkasmus hatte was Ansteckendes, «nun muß er im Kahn bleiben.»

«Na und?» Dreibein zuckte die Schultern. «Warum soll's ihm besser gehen als uns?»

Damit sollte er recht behalten, denn bis zur Vereidigung gab es nun überhaupt keine Abwechslung mehr, außer dem Blick aus dem Fenster. Und der war niederschmetternd genug. Draußen vor dem Haus schlurfte ein bewaffneter Wachposten auf und ab, und hinter einem Zaun lag die Zufahrtsstraße, besser bekannt als Kristallallee, weil dort nachts immer die leeren Flaschen der EKs einschlugen. Auf der anderen Straßenseite stand eine Russenkaserne, also offiziell ein *Objekt der Freunde*. Wir bekamen aber nie einen Freund zu sehen, nur immer zwei Schweine, die dort hinter einer Mauer herumwühlten, an der «Wetschnaja Slawa» stand, ewiger Ruhm. Das Quartier der ruhmreichen Schweine machte übrigens einen sehr viel anheimelnderen Eindruck als unser eigener Stall. Manchmal beobachteten wir die Borstenviecher stundenlang und wurden richtig neidisch.

«Tja, liebe Genossen», sagte Brücke dann gern philosophisch, «die meiste Zeit des Lebens wartet der Soldat vergebens.» Es war wirklich bescheuert: Man saß auf dem Fensterbrett, starrte in einen Schweinekoben und hoffte, das eigene Dasein würde möglichst schnell verrinnen.

Erst am Morgen der Vereidigung regten sich plötzlich noch andere Zeichen von Leben. «Volle Gefechtsbereitschaft!» krähte es durch den Korridor. «Draußen auf der Straße sind zwei ganz verschärfte Käthen!»

Vom Keller bis zum Dach hängten sich gleichzeitig alle Mann aus den Fenstern, so daß der Block eine gefährliche Schlagseite bekam. Aber das Risiko lohnte sich, denn da unten standen wirklich zwei ... halt mal, halt mal ... das waren ja Friederike und Dorle! Sie hatten sich unglaublich rausgeputzt, und Friederike trug zur Feier des Tages auch noch ein Paar knallenge Jeans, in die sie wahrscheinlich nur mit Hilfe eines Schuhanziehers gelangt war. Die gesamte Nationale Volksarmee hielt den Atem an und fragte sich besorgt, wie lange ihre Nähte dieser irrsinnigen Belastung wohl standhalten würden.

«Huhu, Bernie», winkte unsere wehrkraftzersetzende Freundin ganz locker herauf.

«Da verstehe einer die Welt», sinnierte Brücke über unsere Schulter hinweg, «wie kommst du Häßling denn zu so 'ner Frau?»

Ehrlich gesagt fragten wir uns das auch jeden Morgen, aber statt einer Antwort winkten wir nur ebenso selbstbewußt wie lässig zurück.

Unten warfen die beiden Damen jetzt allerlei Dinge über den Zaun, zum Beispiel eine Salami, frisches Brot und zwei Flaschen *Goldbrand*. Der latschige Wachposten legte plötzlich den Schnellgang ein, krallte sich eine der Flaschen als Provision und machte per Handbewegung deutlich, daß er den Rest später in nichtöffentlicher Sitzung an uns übergeben würde. Das ganze Ding war von hinten bis vorne verboten, aber genau darum gehörte es hier zum folkloristischen Brauchtum. So jedenfalls verlangte es eine ungeschriebene Militärdialektik.

Leider mußten wir nun zu unserem Auftritt in die Manege. Bei dem großen Hausball «Feierliche Vereidigung» spielten wir zwar nur eine Statistenrolle, aber wo wenig Handlung ist, rettet ja oft die Ausstattung noch was. So war es auch hier: Wir mußten nämlich *die Butze* aufsetzen, auch bekannt als *Glocke, Dunstkiepe* oder *der Knitterfreie* – bloß Stahlhelm sagte niemand. Schweißnaß standen wir also mit diesem Eimer auf der Rübe herum und warteten darauf, daß unsere abgesprochene Textstelle kam. Sie war leicht zu merken, denn ihr Wortlaut beschränkte sich auf «Ich schwöre». Zuerst aber machte der Zirkusdirektor vorne ein paar Faxen für die Zuschauer, das heißt, er führte einen Veitstanz auf, der sich Stechschritt nannte, und fuhr dabei mit einem langen Käsemesser durch die Luft, das ein Säbel sein sollte. Bedauerlicherweise verwechselte das Publikum den Chef unserer Truppe aber mit dem Pausenclown und lachte herzlich. Damit wieder Ruhe einkehrte, schworen wir ein bißchen vor uns hin, aber das

Gekicher wollte einfach nicht mehr aufhören. Den Anlaß dafür lieferte wieder mal Dreibein: Er verknotete beim Abmarsch seine Treter dermaßen, daß der Regimentsarzt schon instinktiv in seiner Jackentasche nach dem Skalpell tastete, um ihn freizuschneiden.

«Ihr seid wirklich saukomisch», sagte Friederike eine halbe Stunde später, als wir mit ihr und Dorle noch kurz am Tor standen. Oder korrekt am KDL, dem *Kontroll- und Durchlaßpunkt*.

«Sau ist richtig», entgegnete eine kleine Billardkugel neben uns, «aber komisch ganz sicher nicht.»

Die Stimme kam uns doch irgendwie bekannt vor – na klar, das mußte der gute alte Lausi sein! Es war ein aberwitziges Wiedersehen: Friederike stand schön wie nie vor uns, und auch Dorle war das blühende Leben, während wir wie zwei räudige Schimpansen durch die Käfigstangen äugten, ob sie vielleicht 'ne Banane dabeihatten.

«Sputnik liegt in Bad Saarow», sagte Dorle und reichte Lausi einen Brief herein. «Müßt ihr mal lesen.» Bad Saarow war das größte Militärlazarett, das es gab. Sein Name konnte alles bedeuten – von der gewaltsamen Entfernung des Großhirns bis zum gemütlichen Abruhen bei vorgetäuschter Impotenz dank einer Überdosis von *Hengulin-Tee*.

Ausführlichere Erklärungen konnten die Mädchen aber nicht mehr geben, denn einer unserer Tierparkwärter drängte die Besucher zum Gehen. Friederike gab uns einen sehr langen und sehr intensiven Kuß. Er tat auf eigentümliche Weise weh – nicht weil er so heftig war, sondern weil er etwas bedeutete, das wir fühlten, ohne es benennen zu können. Um Frohsinn handelte es sich jedenfalls nicht. Und die anerkennenden Pfiffe aus der Abteilung für einzellige Lebewesen, die den beiden Girls beim Nachhausegehen hinterherschallten, brachten auch keine Beruhigung.

Um Sputniks Grußschreiben zu studieren, begleiteten wir Lausi noch auf seine Bude. Es sah dort keinen Deut besser aus als bei uns, aber es kam noch erschwerend hinzu, daß man versehentlich einen Kunden in das Kabuff eingeliefert hatte, der dann doch aus dem Rahmen der ganz gewöhnlichen Verrücktheit fiel, die wir hier alle an den Tag legten.

Er trug ein langes weißes Nachthemd und darüber das Marschgepäck Teil eins. Kaum daß wir uns an den Tisch gesetzt hatten, begann er, mit angewinkelten Armen im Kreis um uns herumzurennen. «Bsss-bsss», summte er dabei die ganze Zeit.

Lausi nahm keinerlei Notiz davon, denn er kannte dieses Wunder der Natur schon, aber wir staunten doch.

«Ich bin der gelbe Zitronenfalter, bsss-bsss.» Der Kerl wurde immer schneller.

«Hallo, Leute», versuchte Lausi vorzulesen, «die Sache mit der Grenze war ziemliche Asche, aber jetzt ist sie erst mal vorbei.»

«Und flattere von Blüte zu Blüte», surrte der Schmetterling.

Wegen des starken Flugverkehrs entschloß sich Lausi, doch lieber den Briefinhalt zusammenzufassen: «Also, er war in der Küstenbrigade, aber wenn die rausgefahren sind, hat er immer nur über Bord gehangen und mußte würfeln. Kam von der Seekrankheit.»

«Zum Nektar von bester Güte, bsss-st.» Der Falter drehte eine so scharfe Kurve, daß er mit dem Ellenbogen über die Tischplatte fegte. Vielleicht war es auch sein liebes Flügelchen.

«Außerdem ist Sputniks altes Asthma wieder ausgebrochen», berichtete Lausi weiter, «damit pfeift er jetzt Bad Saarow voll und wartet auf seine vorzeitige Entlassung von der Fahne.» Er überlegte kurz und nickte dann. «Könnte klappen.»

«Die Sonne mich behüte, bs-bs-bsss.» Das seltsame Insekt hatte sein maximales Drehmoment erreicht, und uns wurde ganz schwindlig.

Zum Glück riß da jemand eine Spindtür auf. Der Zitronenfalter krachte dagegen, fiel nach hinten um und blieb eine Weile benommen auf dem Rücken liegen wie ein abgestürzter Maikäfer. «Bsss» machte er aber trotzdem noch mal.

«Den haben sie völlig kaputtgespielt.» Lausi fuhr sich mehrmals mit der Hand über die Stirn. «Wahrscheinlich enden wir alle so.»

«Die Aussichten dafür sind jedenfalls gut», stimmten wir ihm zu und kehrten dann in unseren Teil der Klapsmühle zurück.

Das Hauptproblem des Wehrdienstes war die Zeit – allgegenwärtig und doch nicht faßbar, wirklich zum Verrücktwerden. Dabei strengte sich der Verein in den folgenden Monaten durchaus an, um für Zerstreuung zu sorgen. Er schickte uns zum Beispiel auf den Gefechtsacker, wo wir Schützenketten oder -reihen bildeten, die laut hurra brüllten, damit die Feldhasen auch mal was Geselliges geboten bekamen. Manchmal gab es als kleines Extra noch Gasalarm; dann stülpte man sich *den Schnuppersack* über. Diese Gummimaske sorgte neben sofortiger Atemnot auch noch für partielle Erblindung, denn die Augen saßen nie an der richtigen Stelle hinter den Gucklöchern.

Rein militärisch gesehen handelte es sich beim Menschen sowieso um eine einzige Fehlkonstruktion: Im *Jumbo*, also der Atom-Plane, fing er immer an zu schwitzen, im *Eisenschwein*, dem Schützenpanzerwagen, fand er nicht genug Platz, und dann noch diese völlig überzogenen Verbrauchswerte! Dreimal täglich essen, dazu früh und abends immer ein manischer Waschzwang – das mußte man ihm einfach austreiben.

Und die Austreibung gelang: Pünktlich, wenn wieder ein Picknick im Freien dran war, hatte sich Spieß Nolte garantiert mit seinem Versorgungswagen verfahren, und Wasser erhielt man draußen ohnehin nur auf Zuteilung, einen Liter pro Mann und Tag für sämtliche inneren und äußeren Anwendungen. Da gab's nicht viel zu überlegen: Man trank ihn aus und fertig.

Besonders gerne hatten wir das *Gefechtsschießen*, das vielleicht mit dem heimlichen Hintergedanken veranstaltet wurde, daß wir uns möglichst alle gegenseitig per Blattschuß zur Strecke bringen sollten. Deshalb durften wir schon mal mehrere Tage lang zur Probe in einem Erdloch liegen, bevor es losging. Offiziell hieß die Begründung, der Luftraum müsse erst freigegeben werden.

«Da sieht man mal, was die uns an Zielgenauigkeit zutrauen», meinte Brücke vielsagend, und Dreibein setzte hinzu: «... wenn nicht mal die *Interflug* vor uns sicher sein kann.»

In der nächsten Nacht waren dann die letzten Flugzeuge ohne unser Zutun abgestürzt, und wir konnten loslegen. Irgendwo in der schwarzen Suppe, die da vor uns waberte, standen angeblich Zielscheiben, auf die wir ballern sollten. Sie hatten sehr einprägsame Namen wie «Vater und Sohn» oder «das Scheunentor», nur zu erkennen waren sie nicht.

Kompaniechef Hahn blickte genausowenig durch wie wir, was ihn freilich nicht davon abhielt, das Gegenteil vorzutäuschen. «Feuer auf laufende Schützengruppe links von O-Punkt eins!» befahl er unverdrossen.

«Was denn für 'n O-Punkt?» rief Brücke ganz aufgeregt.

«Keine Ahnung», brüllten wir zurück und drückten einfach in irgendeine Richtung ab, von der wir hofften, dort den geringsten Schaden anzurichten. Die anderen machten der Einfachheit halber mit, und es knallte an allen Ecken und Enden.

«Das LMG, wo bleibt das LMG?» krähte der Hahn. Damit war Dreibein gemeint, denn der schaffte es nicht, das leichte Maschinengewehr in Stellung zu bringen.

«Mein Ständer funktioniert nicht», schrie er zurück, und die Schießerei brach schlagartig ab, weil sich erst mal alle über diese eigenartige Erklärung wundern mußten.

«Mensch, ich mache Sie gleich rund wie ein ...», schimpfte der Hahn los, aber er wurde von einem ungeheuren Knall übertönt. Brücke hatte aus Versehen die Panzerbüchse abgefeuert. Und das schärfste war: Er hatte das Scheunentor getroffen.

Hahn schoß sein Leuchtsignal Drei-Stern-Rot, und die Schlacht war gewonnen. Vor allem war noch Leben in uns – eine unter diesen Umständen beträchtliche Leistung. Na ja, ganz echtes Leben nun auch wieder nicht: Nach und nach wurden wir nämlich von der Krätze überwuchert, und auf den Klamotten wuchs sogar Moos, wenn man nur in der Kaserne blieb. Außerdem aber begann das letzte bißchen Geist zu verdampfen. Wir lagen auf dem Bett – oder auf diesem ulkigen Kohlensack, den sie hier Bett nannten – und dachten überhaupt nichts mehr. Nicht mal *Mann, ist das langweilig* oder *So 'n Mist, die Zeit hat sich ver-*

klemmt. Nur noch bsss-bsss, und das war es dann. Freunde? Entlassung? Ein Leben nach dem Kommiß? Keine Ahnung, und auch keinen Trieb, darüber nachzudenken.

«Militär trägt kein Zivil», stellte Dreibein in einem letzten Anflug von Tiefsinn fest. «Und deshalb kann man nicht erwarten, daß es da zivilisiert zugeht.»

«Ist eben unser PP», ergänzte Brücke, dessen Batterie schon so weit runter war, daß er nur noch in Abkürzungen sprach.

Wir rafften unsere verbliebenen drei Hirnströme zusammen. «Ist unser was?»

«Persönliches Pech.» Brücke gähnte vor Erschöpfung. Er hatte eben den allerhintersten Gedanken aus seinem Vorratsregal gekramt.

Aber man brauchte sowieso keine mehr. Beim Wacheschieben sorgte schon das Kleinhirn im Sparbetrieb für den erforderlichen Trott, beim stundenlangen Waffenreinigen ließen die Finger ganz von selbst alle öligen Metallteile auf den Fußboden scheppern, und im Politunterricht wachte man überhaupt gar nicht erst auf. Schwierig wurde es nur, wenn sie einen mal nach Hause schickten, der VKU oder Verlängerte Kurzurlaub reichte zwar normalerweise gerade mal, um allen die Hand zu schütteln und dann umgehend die Rückreise anzutreten, aber die heimische Zivilistenbande schaffte es doch, kurz davor immer noch eine Frage einzuwerfen.

«Geht's euch gut?» wollte zum Beispiel unsere Mutter wissen.

«Doch, doch», beruhigten wir sie. Unsere Mitbewohner, die Kakerlaken in der Kompaniedusche, fühlten sich durchaus wohl.

«Denkst du oft an mich?» erkundigte sich wiederum Friederike.

«Ja, immerzu», sagten wir wie aus der Makarow-Pistole geschossen und zerbrachen uns gleichzeitig den Kopf, wann wir das letzte Mal überhaupt irgendwas gedacht hatten.

«Und sonst, was treibt ihr sonst so?» setzte unser Vater dem Ganzen die Krone auf.

«Wir seilen uns ab, verkeimen und machen uns keinen Schädel», erklärten wir ihm, «manchmal haben wir auch 'n Schaden. Kann alles befohlen werden.»

Nach dieser Antwort wiegte er nur kurz und ungläubig den Kopf wie ein Irrenarzt, der von seiner eigenen Diagnose verblüfft ist. Wir aber trollten uns schleunigst in die Kaserne, zurück zu den anderen Zitronenfaltern.

Der Rest verging wie unter örtlicher Betäubung. Man kriegte mit, daß irgendwas lief, aber es betraf einen nicht so richtig. Wir zeigten uns gegenseitig die Bandmaße mit den letzten 150 Tagen, kreuzten auf dem Toto-Schein die 49 Sportarten an, bis nur noch eine übrig war, Nummer eins: Angeln, und dann standen wir plötzlich draußen auf der Straße. Wir hatten gedient und waren jetzt Reservisten.

Im übrigen waren wir total verblödet, denn sonst hätten wir nicht mal im Traum das EK-Tuch und diesen abartigen Häkeluntersetzer mit dem DDR-Emblem nach Hause geschleppt. Und erst recht nicht angefangen zu studieren. Denn ob man's glaubt oder nicht – ausgerechnet in diesem Zustand intellektueller Totalabrüstung sollten wir auf die Uni.

Ursprünglich hatte uns als Fachrichtung ja mal M/L vorgeschwebt, denn wer Maximus/Leninmuß studiert, so hieß es im Scherz, der kann Gruppenkondensator werden. Aber rumgescherzt hatten wir in den letzten anderthalb Jahren schon genug. Deshalb entschieden wir uns für was Reelles und beschlossen, Ingenieurökonom zu werden. Als Ingenieurökonom konnte man alles machen und störte nirgends. Das war eine erfreuliche Perspektive.

Sputnik studierte übrigens schon seit über einem Jahr Kernphysik bei Lomonossows in Moskau. Die Grenztruppen hatten ihn wirklich von seiner Dreijahresverpflichtung entbunden, weil in dem Lazarett niemand mehr schlafen konnte, seit er dort den Asthmatiker gab. Wahrscheinlich machte nun zur Abwechslung in der sowjetischen Hauptstadt keiner mehr ein Auge zu. Dorle, unser Musenkind, war in Berlin als einzige Frau im Fach Dirigat untergekommen, und bald würden ganze Orchester kuschen, sobald sie nur mit dem Stock drohte – da konnte man nicht meckern. Und über Lausi sowieso nicht, denn der war logischerweise seiner Berufung gefolgt und an der *Wiwifak* gelandet, also an der Wirtschaftswissenschaftlichen Fakultät.

Tja, auch Friederike berechtigte zu den schönsten Hoffnungen, denn sie war jetzt eine angehende Medizinerin. Die Hoffnungen durfte sich allerdings inzwischen ein anderer machen als wir. Unserer Superfrau war es leider nicht gelungen, immer nur ihre Mitmenschen zu trösten. Sie hatte sich auch selbst ein bißchen Trost verschafft, als wir gerade den Freuden des Atomschlags nachgingen oder erlernten, wie man den Gegner waidgerecht mit dem Bajonett tranchiert. Sie war jetzt jedenfalls mit irgend so einem Sackgesicht aus der Chirurgie liiert, und wir beschlossen, in Zukunft am besten gleich der ganzen Branche aus dem Weg zu gehen. *Du und dein Blinddarm – zehn Tips für den Heimwerker,* so was mußte es doch auch als Buch geben.

Begegnung mit dem Wohnraumlenker

Allerdings machten uns zur Zeit weniger die inneren Organe Sorgen, sondern eher die äußeren Quartierverhältnisse. Als verdienter Krieger und Studente konnte man ja nicht mehr länger seinen Alten auf der Pelle hocken. Wir brauchten unbedingt eine eigene Hütte, und an die kam man nur über die *Staatliche Wohnraumlenkung.*

Daß die Lage schwierig sein mußte, sah man dieser Behörde schon von außen an, denn sie hatte nicht mal für sich selbst eine vernünftige Bleibe gefunden. Zwei Holzverschläge in einer windschiefen Baracke waren alles, was sie als Arbeitsräume vorzuweisen hatte. Ein Wartezimmer gab es nicht, statt dessen sammelte sich die Kundschaft einfach im Korridor. Aber was heißt schon sammelt – es war so proppenvoll, daß uns die letzten Wartenden regelrecht entgegenfielen, als wir nur die Tür zum Flur öffneten.

Jede Menge heimatlose Krieger wie wir hingen da rum. Auch Frauen ohne Anhang gab es reichlich; wahrscheinlich Kriegerwitwen. Ein paar Kinder plärrten zur Unterhaltung, und ganz weit vorne warf jemand einen Packen A4-Bögen über den Köpfen der Meute ab, woraufhin nahkampfähnliche Auseinandersetzungen entbrannten. Für solche Gefechtshandlungen standen wir ja noch bestens im Training, und deshalb schafften wir es mit links, eines der Flugblätter zu erhaschen. Es war ein Wohnungsantrag, den wir sofort auszufüllen begannen. Genaugenommen kleksten wir ihn eher aus, weil immerzu jemand schubste, aber hier ging es ja nicht um Schönschrift, sondern um Schöner Wohnen. Bereits kurz vor Mitternacht war die eine Hälfte der Unterkunftsbedürftigen entnervt nach Hause gegangen (wohin eigentlich?) und die andere Hälfte wegen akuten Sauerstoffmangels zur künstlichen Beatmung ins Kreiskrankenhaus eingeliefert worden. Also konnten wir unser Anliegen beim Sachbearbeiter zu Gehör bringen.

Zuerst erkannten wir den Wohnraumlenker gar nicht, denn er hatte genau dieselbe verschwommene graugrüne Farbe angenommen wie sein ganzes Büro. Zwei dicke Spinnweben verbanden zudem seine Arme mit der Schreibtischplatte und hinderten ihn daran, sich wenigstens durch Winken bemerkbar zu machen.

«Hallo, hier», sagte er deshalb anstelle einer Begrüßung, als er merkte, daß wir schon drauf und dran waren, mit dem Honecker-Bild an der Wand zu sprechen.

«Es geht um folgendes», setzten wir an, aber er fiel uns gleich ins Wort.

«Schon gut, legen Sie ihn da drauf.» Er schob sein Kinn in Richtung einer überfüllten Ablage, die verdächtige Ähnlichkeit mit einem Papierkorb aufwies.

«Und wie lange ...», wagten wir noch einen Vorstoß.

«Von zwischenzeitlichen Nachfragen ist im Interesse einer zügigen Bearbeitung Abstand zu nehmen.» Offenbar hatte die Zwischenzeit schon begonnen.

«Aber irgendeinen zeitlichen Rahmen muß es doch ...»

«Sind Sie schwerbeschädigt, Vollinvalide, alleinstehender Vater, kinderreich, OdF?»

«Nein, leider», erwiderten wir kleinlaut, denn uns wurde langsam klar, daß hier nur geschiedene Opfer des Faschismus mit zwanzig Kindern im Rollstuhl eine Chance hatten. Am besten noch in einem mit platten Reifen.

«Ja, in diesem Falle kann ich Sie nur auf das Wohnungsbauprogramm verweisen.» Er verstummte und schloß die Augen. Wir überlegten schon, ob wir ihn wecken sollten, als er noch hinzufügte: «Sie wissen doch, bis 1990 ist die Wohnungsfrage als soziales Problem gelöst.»

Na schönen Dank auch. 1990 brauchten wir wahrscheinlich höchstens noch einen Pflegeplatz im Feierabendheim, oder gleich eine Urnenstelle. Da würden wir doch schon vorher mal wiederkommen und dieser Nachtjacke hier ordentlich Dampf machen. Trotz unserer Wut bemühten wir uns beim Schließen der Tür, nicht die ganze Baracke zum Einsturz zu bringen. Nach uns wollten sich ja auch noch andere ärgern.

Ein paar Glückliche hatten das allerdings gar nicht nötig. So wie Dorle: Sie heiratete kurzerhand Porky, einen Posaunisten mit berufsbedingten Hängebacken, und schaffte sich mit ihm zwei Kinder an. So waren sie schwuppdiwupp alle Mann bedürftig und kriegten eine Zuweisung für zweieinhalb Zimmer Neubau WBS 70. Also es ging dabei natürlich in erster Linie um Liebe, und Porkys Backen sahen ja auch ganz drollig aus, aber die Wohnung war daneben schon recht praktisch. Mit einem Fenster auf dem Klo wäre sie zwar noch praktischer gewesen, aber sonst eröffnete sie ungeahnte Möglichkeiten. Man konnte sich zum Beispiel durch die Wand mit den Nachbarn unterhalten, und die Nähe von Mensch zu Mensch war doch was Erstrebenswertes.

So weit hatten wir es noch nicht gebracht, und deshalb schubsten wir uns ein knappes Jahr später erneut zum Wohnraumlenker durch.

Seine Farbe hatte sich inzwischen ins Bräunliche verschoben, und am Hintern war er fest mit dem Stuhl verwachsen.

«Mein Antrag hat bald einjährigen Geburtstag», eröffneten wir ihm in der vagen Hoffnung, den Gang der Dinge durch einen kleinen Spaß zu befördern, «und zur Feier des Tages wollte ich mal nachfragen.»

«Was für ein Antrag?» sagte er nur und brachte uns damit völlig aus dem Konzept.

«Wegen ... ja ... also auf Zuweisung von Wohnraum», konnten wir gerade noch stammeln.

«Bürger, Sie haben Humor», stellte er fest und ließ durch seinen Gesichtsausdruck erkennen, daß er uns um diesen Besitz nicht beneidete. «Glauben Sie, wir verkaufen hier grüne Gurken?» Auch Erich Honecker schaute uns ganz sauer von der Wand herunter an.

Obwohl der Laden durchaus als Gemüsehandel hätte durchgehen können, verkniffen wir uns eine entsprechende Bemerkung und warteten erst mal ab.

«Ich meine», hob er zu einer Erklärung an, «ob es ein Erstantrag war, eine Änderung, mit Dringlichkeit und so weiter.»

«Nein, nur so ... eben ganz normal.»

Für den Bruchteil einer Sekunde schien es, als ob dem Wohnraumlenker vor Verwunderung die Kontrolle über seinen Lenkungsvorgang entgleiten sollte. «Normal, das gibt's ja gar nicht», brachte er nur mühsam beherrscht über die Lippen.

Diesen Verdacht hatten wir zwar auch schon öfter gehegt, aber noch nie laut auszusprechen gewagt. «Ja, was kann man denn da tun?» erkundigten wir uns vorsichtig, denn der letzte Normalfall wollten wir auch nicht bleiben.

«Gar nichts», versuchte der Mann bedauernd die Hände zu heben, aber gegen die dicke Staubschicht auf seinen Unterarmen kam er nicht an. «Sie müssen eben warten.»

Damit standen wir wieder am Ausgangspunkt, das heißt ohne Wohnung in freier Wildbahn. Und ob hier allein die Zeit was bessern würde, schien selbst uns fraglich. Aber auch denen, die schon ein Neubaudach über dem Kopf hatten, ging es nicht immer besser. Dorle und Porky zum Beispiel kannten inzwischen viel mehr ihrer Nachbarn, als ihnen lieb war. Und das nicht etwa, weil sie bloß immer brav beim Subbotnik mit der Hausgemeinschaft die anderthalb Quadratzentimeter Vorgarten umgepflügt hatten. Das half ihnen gar nichts, denn sobald Porky seine Posaune zum Üben an die Lippen setzte, stand vom Wohngebietsausschuß der Nationalen Front über den Mieterbeirat bis hin zur Volkssolidarität alles vor ihrer Papptür, um sich über den ruhestörenden Lärm zu beschweren. Obwohl sie in der *Straße des Friedens* wohnten, zeichneten sich immer deutlicher bürgerkriegsähnliche Konflikte ab. Porky konnte sich schon fast auf die Backen treten, so tief hingen sie vor Trauer herunter, aber eine Lösung des Problems gab es nicht. Es sei denn, er hätte seiner Familie ein *Neckermann-Haus* hingeklotzt, also eine dieser schicken weißen Hütten für ein paar Hunderttausender West. Aber Porky war nicht Peter Schreier; er hatte nur seine Tute und keine harte Kohle in der Kehle.

Wir konnten ihm sowieso nicht helfen, denn wir mußten unsere Diplomprüfung absolvieren und danach wieder zur Wohnraumwirtschaft. Vielleicht durften wir als Dauergast überhaupt gleich dort einziehen.

Die Prüfung war schnell absolviert, aber der Gang in die Elendsbaracke fiel uns doch zunehmend schwer. Es grenzte schon an ein Wunder, daß sie nach der langen Zeit überhaupt noch stand. Aber im gleichen Tempo, wie ihre Holzträger wegfaulten, wuchsen wahrscheinlich drinnen die Antragsstapel bis zur Decke und gaben ihr neuen Halt. Das Zimmer des Sachbearbeiters wie auch der Mann selbst waren mittlerweile in die Schwarze Periode ihres Schaffens eingetreten. Von den Möbeln bis zu den Gardinen hatte sich die gesamte Einrichtung ihrer Farben entledigt. Die einstmals grün-weiß gestreiften Topfpflanzen waren verdorrt, und selbst Erich Honecker auf seinem Wandbild wirkte sichtlich gealtert.

Dort wo sich früher die Füße des Wohnraumlenkers befunden hatten, rankten jetzt zwei knorrige Wurzeln um die Tischbeine, und auf den Aktendeckeln wuchs Gras. Komischerweise war kein Kuckuck zu hören, aber der machte vermutlich nur Frühstückspause.

«Mein Antrag», riefen wir in die Stille des Waldes, «Erstversorgung, Einraum, ohne Dringlichkeit.»

Der Wohnraumlenker blickte versonnen zur Decke. Wahrscheinlich wartete er auf das Echo, das gleich sagen würde *ohne Dringlichkeit – hat noch soviel Zeit.* Doch nichts geschah. Nur eine Fliege, die sich beim Wippen übernommen hatte, fiel polternd von der Löschwiege.

«Seit Jahren schmort der hier bei Ihnen rum, ohne daß was passiert!» ließen wir unserem Zorn freien Lauf.

«Warum haben Sie denn», begann der Sachbearbeiter mühselig, weil seine Kiefer ganz rostig knirschten, «warum haben Sie denn nie zwischendurch nachgefragt?»

«Aber gerade davon sollte man doch Abstand nehmen.»

Er verzog das Gesicht zu einer Grimasse, die sowohl zu Durchfall als auch zu Gehaltserhöhung gepaßt hätte. «Das haben Sie ernsthaft geglaubt?»

Es sah ganz danach aus, als wären wir nicht nur der einzige Normalfall, sondern auch noch der einzige Vollidiot weit und breit, der sich an die Spielregeln hielt. Aber so nicht, Herr Adenauer. Jetzt war Schluß.

Wir überließen den Waldschrat seinem Schicksal, denn spätestens morgen würde er sowieso zugewuchert sein – entweder von den ausufernden Ablagen oder vom Unterholz. Da sich das Amt außerstande sah, uns geeigneten Wohnraum zuzulenken, lenkten wir uns selbst einen leerstehenden Wohnraum zu, den wir kannten. Nur richtig geeignet war er nicht, denn er lag in einem Mietshaus mit ungewissem Schicksal. An der Tür stand KWV. Das bedeutete Kommunale Wohnungsverwaltung, aber «Kann Wegen Baufälligkeit Verschwinden» wäre auch möglich gewesen. Auf jeden Fall wohnten in ihm Zeitgenossen wie wir, die beim staatlichen Quartierquartett immer nur den Schwarzen Peter gezogen hatten. Einige zahlten Miete auf ein Sperrkonto, bei anderen war das eigene Konto gesperrt, aber alle versorgten sich gegenseitig mit Balken, Ziegelsteinen, Draht und was man sonst noch brauchte, um die Ruine vor dem gänzlichen Kollaps zu bewahren.

Dort bezogen nun auch wir eine Unterkunft ganz oben in der ehemaligen Waschküche. Es erwies sich als ziemlich schwierig, dieses Penthouse einzurichten, denn der einzige quadratische Raum war bereits möbliert. Festgemauert in der Erden stand dort mittendrin ein riesiger alter Waschzuber. Als Badewanne war er zu klein, als Waschbecken zu tief und als Bett zu hart. Trotzdem sollte er sich bald als nützlich erweisen, denn es regnete tüchtig durch, und zwar genau in diesen Nachttopf.

Als wir ein paar Tage später nach einem heftigen Gewitter gerade mit dem Ausschöpfen unserer Zisterne beschäftigt waren, erhielten wir unerwarteten Besuch. Es war ein Kollege von der Wohnungsverwaltung, der uns einen Formbrief und ein Vertragspapier überreichte. In dem Brief wurden wir als illegaler Nutzer von Wohnraum gebrandmarkt, in dem Vertrag dagegen als neuer Mieter begrüßt. Eine solche alle Eventualitäten des Lebens abdeckende Kombination hatte sich bei der KWV anscheinend schon seit längerem bewährt, um dieses Wirtshaus im Spessart mit zahlenden Gästen zu füllen. Das war aber gar nicht mal das Merkwürdigste, sondern eher der letzte Satz, den der Mieterfänger sagte, bevor er ging. Er starrte nämlich lange auf unsere Füße und verabschiedete sich dann mit der Feststellung: «Erstaunlich, Sie tragen ja Schuhe.»

Was war daran bloß so komisch? Hatte er sonst nur Urmenschen als Kunden, die barfuß im Baumhaus hockten? Doch schon ein kurzer Blick aus der Dachluke hinunter auf den Hof brachte die Erklärung. Unsere Mitbewohner trugen ausnahmslos Sandalen. Und das im November.

«Sandalen? Ach Quatsch», meinte ein Nachbar mit langem Rauschebart auf unsere Frage, «das sind doch Römerlatschen. Und die trägt man das ganze Jahr über.»

Ja richtig, wir hatten die Dinger auch schon mal im Laden liegen sehen. Allerdings nicht lange, denn eine Stunde später waren sie meist schon wieder ausverkauft. Bei einem Endverbraucherpreis von sieben Mark zehn erschien uns das aber nicht weiter verwunderlich, zumal sowieso jeder zweite Artikel plitzplatz aus den

Regalen gerissen wurde, kaum daß er geliefert worden war. Hier aber handelte es sich um einen Sonderfall: Der Römerlatsch galt als Symbol für Unangepaßtheit. Er konnte überhaupt nur ein Symbol sein, denn richtiges Schuhwerk war er unter keinen Umständen. Seine Riemen gingen andauernd ab, und die hauchdünne Sohle erinnerte mehr an eine Karlsbader Oblate als an einen echten Schutz für die Füße. Trotzdem benötigten auch wir ein Paar von diesen Edeltretern, denn wenn unser ganzes Haus nun mal unangepaßt war, mußte man sich diesem revolutionären Zustand ja auch irgendwie anpassen.

Die Lösung unseres persönlichen Versorgungsproblems hieß Dipl. oec. K. Peschke, Leiter einer HO-Kaufhalle im Norden von Berlin, Hauptstadt der DDR. Richtig, Freund Lausi war Chef im Lebensmittelhandel geworden.

«Na ja, mehr Chef der Angebotslücken», sagte er lachend, als wir uns nach langer Zeit mal wieder in den Armen lagen. «Du glaubst ja gar nicht, was du hier für Kreise drehen mußt, um irgendwas herbeizuzaubern.» Und dann erzählte er geschlagene zwei Stunden lang, wie er mit seinen Kollegen fortwährend *Rosenthaler Kadarka* gegen *Kriepa-Taschentücher* tauschte oder auf Knien durch die Fabriken rutschte, um den Herstellern neben der offiziellen Versorgung noch ein Sonderkontingent Salzstangen abzuluchsen. «Oder nimm nur Nougat-Pralinen. Die sollen angeblich bloß aus Erbsen bestehen, werden aber gekauft wie blöde. Auch *Werder-Tomatenketchup* bunkert jeder ein, ganz egal, ob er ihn braucht oder nicht. Bei anderen Sachen weißt du wieder kaum, wie du sie dir vom Hals halten sollst. *Kaffee-Mix* zum Beispiel. Mit diesem Sand schütten sie uns hier zu, und keiner will ihn haben. Ich kann dir sagen, da machste was mit.» Er strich sich seinen graublauen Kunstfaserkittel glatt. «Die schärfste Nummer haben sie sich vor ein paar Jahren geleistet. Da brannte im Vogtland das einzige Werk für Zahnbürsten ab, und wie es so geht – plötzlich wollten alle Zahnbürsten kaufen. Bis hin zum steinalten Opa, der eigentlich bloß noch sein Breichen lutscht, schleppten die Leute hier dutzendweise Zahnbürsten raus. Wir sind bald verrückt geworden.» Er zwinkerte uns zu. «Aber damit haben wir ja Erfahrung, was?»

«Und wie geht's unserem alten Kampfgefährten?» fragten wir spaßeshalber.

«Dem Goldbroiler, meinst du? Na bestens.» Er deutete durch eine von außen verspiegelte Scheibe auf die Tiefkühltruhe im Verkaufsraum. «Weil es nicht genug anderes Fleisch gibt, empfehlen wir unseren modernen Menschen eine moderne Ernährung: Geflügel – fettarm und gesund.»

«Ich weiß ja nicht ... gesund?»

«Das darfst du nicht so verbissen sehen. Am gesündesten ist einfach immer das, was wir am meisten haben.»

«Also Braunkohle zum Beispiel.»

Er lachte: «Das kommt vielleicht noch. Heute heißt die Devise erst mal *Nimm ein Ei mehr*, denn Eier sind genug da. Oder auch *Kohl – so schmackhaft*.»

«Ja, davon habt ihr wirklich eine Wahnsinnsauswahl, weiß *und* rot.»

«Genau, jetzt hast du's kapiert.» Lausi deutete einen kleinen Applaus an und stand auf. «Deine Römerlatschen führen wir hier natürlich nicht», sagte er dann zum Abschied. «Aber ich kenne jemanden beim Schuhhandel, der legt uns welche beiseite, wenn ich ihn darum bitte.»

«Verstehe», nickten wir, «Vitamin B.»

«Aber klar, mein Lieber. Im Handel geht's eben zu wie im richtigen Leben. Ohne Beziehungen bist du überall aufgeschmissen.»

«Wohl wahr», verabschiedeten wir uns seufzend, denn er hatte recht. Mit Geld allein funktionierte fast gar nichts. Einen Werkstattermin für den Trabi gab's nur, wenn man den Chef kannte oder wenigstens ein paar Schachteln Westzigaretten rüberreichen konnte. Wer ein neues Klobecken brauchte oder Armaturen für die Badewanne, der hatte die Wahl: Entweder er stellte das Abführen und Waschen in Zukunft ganz ein, oder er versuchte das Verkaufspersonal in der Bäuerlichen Handelsgenossenschaft mit Ananaskonserven oder Lux-Seife gnädig zu stimmen. Und der

Fliesenleger verarbeitete sowieso am liebsten *Blaue Kacheln*; so hießen unter Eingeweihten die West-Hunderter. Mitspielen konnten in diesem Wirtschaftsroulette alle, die was einzusetzen hatten. Was, war egal: Räucheraale, Zementmischer, Ostseeferienplätze oder Karten für die Bowlingbahn – nur knapp mußte es sein. Ein paar Hanseln guckten dabei allerdings immer in die Röhre, weil sie nichts zum Tauschen hatten. Wir wurden den Verdacht nie ganz los, daß es sich dabei vielleicht sogar um die Mehrheit unserer modernen, gesund ernährten Menschen handelte. Aber wie viele es auch waren, wir selbst gehörten auf jeden Fall dazu.

Berliner Blau und Schwarzer Kanal

Unsere Arbeit gab beim besten Willen nichts her, was als Gegenwert für ein Telefon, eine *Gamat-Gasheizung* oder auch nur für eine popelige Reservierung in der Teestube des Hauses der Deutsch-Sowjetischen Freundschaft gereicht hätte. Wir produzierten nämlich bloß Berliner Blau. Sicherlich, das klingt wie ein schöner Montag in der Hauptstadt, aber es war nur eine Farbe. Unser Job bestand darin, als Schichtingenieur aufzupassen, daß immer rechtzeitig die richtigen Hähne für die korrekte Mischung aufgedreht wurden. Sonst wäre womöglich Stuttgarter Schwarz rausgekommen und jede Menge ideologischer Ärger. Unser Ziel war dasselbe wie überall, also das Weltniveau, und um es zu erreichen, sollten wir möglichst schnell möglichst viel herstellen. Das bedeutete, wie überall auch, *Wettlauf mit der Zeit.* Besonders eilig hatte es dabei aber niemand, denn weil keiner unnütz vorpreschte, mußte sich auch keiner unnütz abhetzen. Meistens arbeiteten sowieso nur die Rührwerke, und wir schleppten Säcke mit Nachschub durch die Halle. Wir, das waren drei Arbeiter, ihr Anführer Meister Hegewald sowie unsere Wenigkeit als Stammeshäuptling. Der Meister unterschied sich von den Arbeitern vor allem dadurch, daß er immer am Ende der Schicht auf unser Signal hin den riesigen Behälter mit der fertigen Farbe abließ. Diese Aufgabe stellte höchste Anforderungen, denn irgendein Kamel von Konstrukteur hatte das entsprechende Handrad ausgerechnet oben in der Mitte des offenen Tanks plaziert. Hegewald war deshalb gezwungen, auf schmaler Planke über die brodelnde Farbe hinweg dorthin zu balancieren – eine Übung, mit der er in der *Nacht der Prominenten* hätte auftreten können, wenn er nur bekannter gewesen wäre.

Es muß in einer Spätschicht Anfang der achtziger Jahre gewesen sein, als Hegewald wieder mal seinen Lauf nehmen sollte und mit ihm das Schicksal.

«Fertig, kannst aufmachen!» riefen wir ihm gegen neun Uhr abends zu, denn wir wollten pünktlich nach Hause.

«Freilich!» rief er wie immer zurück. Es war ein Mittelding aus Spaß und Fluch, so wie unser ganzes kollegiales Verhältnis. Die Arbeiter standen schon bereit, um ihren Meister mit den üblichen «Aah!»-, «Bravo!»- und «Zugabe!»-Rufen zu begleiten, aber die Frotzelei blieb ihnen an diesem Abend im Halse stecken.

Hegewald hatte gerade die ersten drei Schritte auf dem Brett gemacht, als er urplötzlich stolperte. «Ach du Sch... wapp», war das letzte, was er noch sagen konnte, dann plumpste er kopfüber in den wogenden blauen Ozean.

Unsere eigene Farbe wechselte schlagartig in Berliner Blaß, und wir lösten die Bimmel für den Unfallalarm aus. Die Arbeiter schalteten das Rührwerk ab, damit ihrem Meister beim Ertrinken wenigstens nicht schwindlig wurde. Wir stocherten unterdessen mit einer langen Stange in dem undurchsichtigen Gebräu herum wie ein Bademeister, dessen Schwimmschüler verlorengegangen ist.

Nach einer knappen Minute rollte auch die Werksfeuerwehr an. Sie war überall gern gesehen, selbst wenn es gar nicht brannte. Für genügend Feuer sorgte sie nämlich selbst, denn ihre Chefin war ein einziger Brandherd, an dem sich die Männerherzen entzündeten. Britta Bellini hieß sie wohl, aber jeder kannte sie nur als Pretty Belinda.

«Den Notablaß auf, los, Tempo», ordnete sie an und bestätigte damit ihren Ruf, nicht nur einen mörderischen Augenaufschlag zu haben, sondern dazu auch den vollen Durchblick.

Unsere drei Arbeiter öffneten einen seitlich angebrachten Verschluß, und mehrere zehntausend Liter Farbe ergossen sich in den Fluß gleich neben der Werkhalle. «Heute gibt's Karpfen blau», sagte einer der Feuerwehrmänner, als er die Bescherung sah.

Und es gab noch mehr: Auf dem Boden des leeren Behälters lag ein glitschiges Monster, mit dem sich Meister Hegewald jede Ähnlichkeit verbeten hätte. «Wenn jetzt einer *heute blau und morgen blau* sagt, gibt es Tote», bellte das blaue Monster mit Hegewalds Stimme.

Genau wie wir selbst bissen sich auch alle anderen Anwesenden auf die Zunge, um dieses Massaker zu verhindern. Hegewald sah aber auch aus! Und dabei war seine Verwandlung zum Marsmenschen noch gar nicht abgeschlossen. Als nächstes mußten wir ihn nämlich in einem Pulver namens Pottasche wälzen. Damit sollte verhindert werden, daß er sich vorzeitig durch Säurefraß auflöste. Schöner wurde er auf diese Weise allerdings auch nicht, er ähnelte eher einem blauen Nilpferd, das in Puderzucker gefallen war. Als solches überführte ihn die Feuerwehr dann ins Krankenhaus, wo sein Auftauchen den Ärzten noch einen im wahrsten Sinne des Wortes bunten Abend verschaffte. Sie raspelten und schmirgelten stundenlang an ihm herum, aber unsere Farbe trug nicht umsonst das Gütezeichen Q: Die bekam keiner mehr ab. Deshalb entließen sie den Meister noch in derselben Nacht. Wahrscheinlich, weil er im Dunkeln nicht so auffiel.

Als wir ihm am nächsten Tag zu Hause einen Kondolenzbesuch abstatten wollten, öffnete uns seine Frau mit starrem Blick. «Ich weiß gar nicht, ob das mein Mann ist», sagte sie abwesend. «Im Krankenhaus haben sie ihn nur den *blauen Klaus* genannt.»

«Ach, das verwächst sich wieder», versuchte sie unser Werkdirektor zu trösten, der ebenfalls mitgekommen war.

Um ein Haar wäre uns der Hinweis rausgerutscht, daß sich die menschliche Haut schon innerhalb von sieben Jahren komplett erneuert. Aber wir verkniffen ihn uns, denn in diesem Moment betrat der blaue Klaus das Zimmer, und sein Aussehen weckte doch gewisse Zweifel, ob ein Siebenjahrplan hier ausreichen würde. Nicht genug damit, daß er strahlte wie ein Ganzkörper-FDJler, die Farbe saß sogar in den Ohren und unter den Fingernägeln.

«Das ist ja großartig», entfuhr es dem Direktor. Und während Frau Hegewald drohte, vor Wut die Kolorierung ihres Gatten anzunehmen, fügte er ganz unbekümmert hinzu: «Meister, Sie machen jetzt erst mal ein paar Tage blau, hahaha. Kleiner Gag von mir. Und dann melden Sie sich gleich in der Werkleitung. Wir brauchen Sie ganz dringend.» Damit schüttelte er Hegewald die Hand, und wir gingen. Draußen vor der Tür betrachtete er verstohlen seinen eigenen Greifer, ob vielleicht was abgefärbt hatte, aber es war nichts zu sehen. «Wirklich großartig», murmelte er noch einmal.

Uns war zwar nicht ganz klar, was er meinte, doch bald darauf verstanden wir: Eine japanische Wirtschaftsdelegation und ein paar Leute vom Außenhandel besichtigten unseren Laden. Und als Höhepunkt der Tour bekamen sie den blauen Klaus vorgeführt. Live und in Farbe sozusagen. Die Japaner waren hingerissen. Sie hielten das für einen besonders einfallsreichen Werbeknüller und glaubten wohl, der Blaumann würde hinterher einfach unter die Dusche steigen und wieder Meister Hegewald werden. Wenn die gewußt hätten!

Na ja, auf jeden Fall orderten sie eine Riesenladung Berliner Blau, und unser Export ins NSW kam ein bißchen aus dem Keller. Unsere gesamte Schicht wurde als *Kollektiv der Sozialistischen Arbeit* ausgezeichnet. Das Blaue Band hätten wir zur Not auch genommen.

Auch in anderer Hinsicht holten wir tüchtig auf, denn zur Freude aller Anverwandten und Sozialpolitiker heirateten wir. Der wandelnde Schwelbrand Pretty Belinda hatte uns am Ende doch lichterloh entflammen lassen, und deshalb traten wir vor den *Hellerau-Schreibtisch* der Standesbeamtin im Rathaus. Ursprünglich hatten wir dort ja was ganz Unkonventionelles abziehen wollen – ein großes Broileressen in Römerlatschen mit allen Freunden oder so. Aber die Hochzeitsbediensteten bangten zu sehr um ihre kostbare Rauhfasertapete und ließen deshalb nur Sekt zu. Und die Gläser durfte man selbst bei sowjetischer Beteiligung niemals an die Wand schmeißen. Aber das war egal, denn von unserer Bande hatten sowieso gar nicht alle Zeit zum Werfen. Lausi weilte zu irgendwelchen hochwichtigen Verhandlungen über Rumkugeln und Erdnüsse in Bad Sülze, während Dorle vor wenigen Wochen *Reisekader* geworden war und jetzt irgendwo in Jugoslawien den musikalischen Knüppel schwang. Fast schon im Westen also.

Unkonventionell genug wirkten wir trotzdem. Sputnik, der sich inzwischen zu einem anerkannten Forscher an der Akademie der Wissenschaften gemausert hatte, pumpte sich zwar alle naselang mit einem Inhalator auf, aber den Hochzeitsmarsch garnierte er trotzdem mit seiner ganz eigenen Asthma-Melodie. Der blaue Klaus hatte sich zum heutigen Anlaß in einen Großrundstrick-Anzug geworfen, der Ton in Ton mit seiner Hautfarbe harmonierte. Beide zusammen ergaben eine Art Gesamtkunstwerk. Die Standesbeamtin hatte bei diesem Anblick Mühe, sich zu fassen und die Lachkrämpfe zu unterdrücken, die ihr Lurexkleid erbeben ließen. Wir waren schon drauf und dran, den blauen Klaus für die Dauer der Zeremonie abzudecken, als sie endlich ihre Beherrschung wiederfand.

«Im Leben eines jeden Menschen ...», begann sie genauso salbungsvoll wie in der Aufnahme von Veronika Fischer, und alle setzten innerlich schon fort, was jetzt gleich kommen würde, nämlich ... *gibt es besondere Höhepunkte.*

«... gibt es besondere Höhepunkte», flötete die Dame prompt.

«Einer davon wird der heutige Tag sein», ging die Litanei weiter.

Man durfte nur die entscheidenden Abschlußformeln nicht verwechseln. Obwohl – das hätte ja auch was Erfrischendes, wenn man den Fahneneid zur Abwechslung mal mit den Worten abschließen würde *Bis daß der Tod euch scheidet*. Und wenn jemand mit einer ganz gräßlichen Gewitterziege aufs Standesamt kommt, die aber eine picobello Kaderakte hat und Arbeiterkind ist, dann könnte er auf die Frage antworten, ob er sie heiraten will ...

Belinda stieß uns in die Rippen. ... *Ich diene der Deutschen Demokratischen Republik*, hätten wir beinahe unseren Gedanken laut ausgesprochen, aber uns fiel gerade noch rechtzeitig ein, was sich hier gehörte. «Ja», sagten wir also einfach. Es war das kürzeste Gelübde, das wir je abgelegt hatten. Allerdings sollte es dafür die längste Gültigkeit haben, rein theoretisch allerdings nur. Die Erfahrung sprach eine andere Sprache. Bei der Scheidungsrate hatten wir längst Weltniveau erreicht: Wie man hörte, hielt der Oberagitator Karl Eduard von Schnitzler den persönlichen Rekord. Er hatte nach und nach die gesamte weibliche Bevölkerung geehelicht, bis ihm beim siebenten Versuch entweder das überzeugende Argument oder was anderes ausgegangen war, so daß er klein beigeben mußte. Damals lachten die Leute sogar noch mehr über ihn als sonst schon im *Schwarzen Kanal*, und das wollte was heißen.

«Die Ringe», flüsterte Belinda, «wo bist du denn mit deinen Gedanken?»

Wir holten die Ringe aus der Tasche, schoben sie einander auf die Finger und küßten uns. Ganz nach Paragraph eins der Hochzeitsvorschrift. Es war ein ziemliches Theater gewesen, diese Dinger überhaupt zu beschaffen. Unsere ganze Sippschaft mußte die Schränke gründlichst nach Goldresten durchwühlen, denn wenn man kein Gold mitbrachte, wälzte der Juwelier seinen Hintern morgens gar nicht erst aus dem Bett. Glücklicherweise hatte eine etwas anstrengende Tante von Belinda schon zwei Männer abgestoßen, die Ringe aber behalten, so daß wir sie umarbeiten lassen konnten.

Auch das graue Wolga-Taxi mit dem kleinen Brautkranz im Fenster war schwer zu kriegen gewesen. Bereits vor einem halben Jahr hatten wir es bestellt – ach was bestellt, *erkämpft*. Mehrere Abende lang wohnten wir damals abwechselnd in der Telefonzelle und wählten uns Blasen an die Finger, nur um die Taxizentrale zu erreichen. Aber die war noch besetzter als Europa unter Napoleon. Ungefähr zum fünfhundertsten Jubiläumsanruf war dann ganz unerwartet frei: Eine Stimme, die stark an einen dressierten Kakadu erinnerte, sagte «Bitte warrrten». Dann gab es ein knakkendes Geräusch, und das Besetztzeichen folgte erneut. «Der Papagei muß die Leitung durchgebissen haben», meinte Belinda.

Um wenigstens noch vor dem drohenden Eintreffen unseres ersten Enkels heiraten zu können, schwangen wir uns in den Trabi, und pünktlich zum Mondaufgang erreichten wir den Taxihof. Der Kakadu war sehr nett und nahm unsere Bestellung fast sofort auf. Er mußte vorher nur noch dreimal «Bitte warrrten» rufen und den Hörer jeweils wieder sorgfältig auflegen.

Für die Gäste hatten wir ein kleines Buffet vorbereitet, mit Sachen aus Neu-Deli. Also nichts Indisches, da würde ja auch ein h fehlen, sondern aus dem neuen *Delikat-Laden*. Eigentlich waren diese Geschäfte ja sauteuer, aber vor Feiertagen oder privaten Feten ging man eben doch mal hin. Sonst wäre außer Burger Knäkkebrot und Harzer Käse nicht viel auf den Tisch gekommen, denn die normalen Sortimente von HO und Konsum litten an der galoppierenden Schwindsucht. Jeden Tag nahmen sie um einen weiteren Artikel ab, der dann, auf wundersame Weise veredelt, im Deli wieder auftauchte. Und der Preis war gleich mitveredelt. Das ganze Zeug tat so, als käme es aus dem Westen, aber das meiste davon stammte aus eigenen Betrieben.

Den richtigen Westen gab es nur im *Intershop*, und zwar für richtiges Westgeld. Dafür bekam man dann nicht nur Büchsenbier, sondern sogar Autos, die gleich mitgenommen werden konnten. Das war einzigartig, denn im normalen Handel wartete man auf die Auslieferung einer bestellten Rennpappe etwa bis zur eigenen Beerdigung. Der Intershop hatte was Mondänes, und das gar nicht mal wegen Osterfrau Gewissengeist, Bollwerk-Schokolade, Macke hauchzart oder wie das Zeug sonst noch hieß, das man aus dem Westfernsehen kannte. Es war mehr die Ahnung, daß irgendwo weit draußen außerhalb unseres Sonnensystems noch andere Formen von vernunftbegabtem Leben existierten, die ihre verschlüsselten Botschaften in Form von 4812-Duft zu uns sandten. Völker riecht die Signale, sagten sich deshalb nicht wenige unserer Werktätigen und gingen einfach so durch die Intershops spazieren, wenn sie gerade mal nicht werktätig waren. Der Deli war im Vergleich dazu schon fast ein Normalfall. Über die wahnsinnigen Kosten meckerte man zwar überall, aber im Grunde wurde das Thema Geld nicht so furchtbar eng gesehen. In den meisten Familien arbeiteten Männlein *und* Weiblein, so daß die kleinen Löhne insgesamt ausreichten. Dort wo es nicht reichte, behalfen sich die Leute ganz einfach, indem sie keine Miete zahlten. Die Wohnungsverwaltungen waren von diesem Kleinsparermodell total überfordert und vergaßen in ihrer Konfusion vollkommen, die säumigen Kantonisten rauszusetzen. Richtig angeschmiert war aber bloß unsere Omma, denn die bekam eine Rente von drei Pfennig fünfzig. Wir merkten es daran, daß sie uns eine Hochzeitskarte im gewendeten Briefumschlag sandte, und nahmen uns vor, ihr in Zukunft einen Goethe pro Monat zu schicken. Das war jener grüne Zwanzigmarkschein, den sie uns dann bei Besuchen unbedingt wieder als Geschenk zustecken wollte. Auf diese Weise kamen ganz unvorhergesehene sozialistische Geldkreisläufe zustande, und Schwung hatte die Sache wenigstens, wenn schon keine Kaufkraft.

Die Gesprächsthemen am Buffet drehten sich natürlich auch gleich um die Deli-Preise. Denn egal, ob es die *Champignons Qualitätsgruppe II* aus der großen Büchse zu dreizehn Mark waren oder die Flaschen von diesem zuckersüßen Sprudelwein *Canei* um die fünfzehn Mark – damit kannte man sich aus. Wir redeten noch stundenlang weiter, über den Ehekredit und über die tausend Mark, die einem davon pro Kind erlassen wurden, und erst ganz am Ende, als alle gegangen waren, wurde nicht mehr geredet. Dann lagen wir nämlich mit Belinda im Bett und löschten einen verheerenden Großbrand.

Ursprünglich hatten wir vorgehabt, eine Hochzeitsreise zu machen, aber an den begehrten Ostseeplatz war einfach nicht ranzukommen. Dafür gelangte Belinda zu einem Fernstudienplatz im Fach Chemie, man konnte sagen *wie die Jungfrau zum Kinde*, aber zu einem Kinde kam sie außerdem noch, bloß nicht als Jungfrau. Abend für Abend brütete sie nun über dicken Folianten, deren spannendste Handlung aus langen Formeln bestand. Unsere große Reise mußten wir wohl oder übel auf später verschieben, aber dafür waren andere auf Achse. Lausi zum Beispiel: Er hatte die Kaufhallen-Ebene längst verlassen und befand sich nun nach kometenhaftem Aufstieg in irgendeiner Umlaufbahn des höheren Handels. Davon kündete eine Postkarte aus der Mongolei, wo er wahrscheinlich versuchte, den größten Mikrochip der Welt gegen Kamele zu tauschen. Auch Sputnik kam ganz schön herum. Als wir ihn eines Tages mal anriefen, hatte er kaum Zeit, weil er gleich nach Tomsk in Sibirien fahren mußte, um einen befreundeten Teilchenbeschleuniger zu besuchen. Und Neuigkeiten von Dorle las man sogar schon in der Zeitung. Sie gastierte mitsamt Orchester auf dem Pressefest der UZ in Wuppertal. Die UZ war das DKP-Blatt *Unsere Zeit*, und Wuppertal war ganz echter Westen. Dafür nahm Dorle anscheinend sogar in Kauf, zusammen mit zwei Leuten fahren zu müssen, die Haufen & Henkel hießen und die sie früher immer nur als Schlager*säger* bezeichnet hatte.

Unsere Familie lernte vor allem, sich in Geduld zu fassen. Die billigen Ferienplätze von der Gewerkschaft waren immer schon vergeben, wenn wir mal einen wollten, und im Reisebüro fand auch nur eine Art *Wünsch-dir-was*-Lotterie statt: Man füllte eine Bestellpostkarte aus und bekam zehn Monate später die Mitteilung, daß man leider nicht an der Endauslosung teilnahm. Die Ziehung wurde sowieso unter Ausschluß der Öffentlichkeit durchgeführt; wahrscheinlich sollte keiner merken, daß es überhaupt nur eine einzige Reise gab.

«Wenn es in diesem Leben noch was werden soll», erklärte Belinda nach jahrelangem Warten entnervt, «dann müssen wir es jetzt privat anschieben.»

«Privat ist prima», pflichtete ihr unser Sohn bei, der bereits mit Riesenschritten auf das Rentenalter zueilte. Wir hatten ihm übrigens den Namen Willi gegeben, damit ihm bei den Vorbildern alle Entwicklungschancen offenstanden: von Willi Stoph bis zu Willi Schwabe.

«Privat? Na, ob das hinhaut?» gaben wir zu bedenken. Eigentlich fühlten wir uns ja immer noch als heimlicher Freund der Gesellschaft, aber das konnte man kaum noch zeigen, weil sich die Gesellschaft gerade verkrümelte. Sie hatte sich schon fast komplett auf die Datschen und in die Hobbykeller des Landes zurückgezogen. Fast, wie gesagt, denn ein paar Mitmenschen trafen wir in den nächsten Tagen doch noch. Und zwar in der Meldestelle der VP.

Ausgerechnet dort, bei der Polizei, fing unsere tolle Privatreise nämlich an. Belinda und Willi hatten es sich unbedingt in den Kopf gesetzt, nach Ungarn zu fahren. Dafür brauchte man aber eine *Reiseanlage* zum Personalausweis. Als wir dieses Wort in der Meldestelle aussprachen, durchbohrten uns sofort sämtliche Beamte mit strengen Blicken. Aber vier Wochen später hielten wir das Papier in der Hand. Willi wollte gleich losfahren, aber wir machten ihm klar, daß wir nun erst mal zur Sparkasse an den Schalter für Reisedevisen mußten. Auch der dortige Mitarbeiter hatte den Bohrblick aufgesetzt, und das sogar, ohne Beamter zu sein. Er zählte laut die Reisetage durch, klebte hinten lange Leporellos in unsere Ausweise und versah das Ganze danach noch mit Stempeln und Zahlen. Zum Schluß kassierte er von uns ein paar hundert Mark und rückte dafür widerwillig ein winziges Bündel tschechischer Kronen und ungarischer Forint heraus.

«So wenig?» Belinda war ganz entgeistert.

«Bürgerin», belehrte sie daraufhin der Kassenwart, «die Reisezahlungsmittel werden nach festgelegten Tagessätzen berechnet.»

«Das sind wohl welche für Halbtagsreisende!» Belinda blitzte ihn wütend mit ihren blauen Augen an, und er schloß instinktiv das Holzrollo über dem Geldfach, um die Banknoten vor dem Funkenflug zu schützen.

«Gib doch einfach 'n paar Tage mehr an, als wir in Wirklichkeit bleiben», schlug Willi so laut vor, daß sie beim Überfallkommando schon die Motoren warmlaufen ließen. Uns gelang es gerade noch, das Familienkollektiv hinauszubugsieren, bevor die Bank umstellt wurde. Mannomann, auf eine Reise mit dieser Truppe konnte man sich wirklich freuen.

Die nächste Freude ließ auch gar nicht lange auf sich warten: Sie wurde uns an der Grenze von einer Zöllnerin bereitet, bei der wir nach stundenlangem Anstehen in der Trabischlange vorfuhren.

«Stellen Sie bitte den Motor ab, und steigen Sie aus», lud sie uns auf das liebenswürdigste zu einem Gesellschaftsspiel ein, mit dem bereits mehrere andere Familien beschäftigt waren, die man geheißen hatte, den gesamten Inhalt ihrer Koffer auf dem Betonboden der Grenzstation auszubreiten und raffinierte Quizfragen zu den einzelnen Gegenständen zu beantworten. «Wieso benötigen Sie Schwimmflossen, wenn Sie in die Berge reisen?» Oder «Was soll die Taschenlampe, wo Sie doch im Hotel wohnen?»

Bei uns konzentrierte sich der Verdacht aufs Toilettenpapier. Wir mußten die ganze Rolle auseinanderwickeln, und nachdem sich die Zöllnerin überzeugt hatte, daß auch innen alles noch sauber war, ließ sie uns die mitgeführte Büchse *Linda Neutral* öffnen, um mit einem dünnen Metallstift in der Waschpaste herumzustochern. Aber erst beim nächsten Objekt ihres Interesses wurde sie fündig. Es war die Bestecktasche. «Weshalb führen Sie denn vier Messer für drei Personen mit?» Belinda sah aus, als würde sie gleich antworten: *Um notfalls eine Zöllnerin abstechen zu können*, aber Willi antwortete völlig unbeeindruckt: «Zum Pilzesuchen.» Damit hatte er das Haupträtsel gelöst, und wir durften in die ČSSR weiterknattern.

«Wo willst du eigentlich in Budapest Pilze suchen?» erkundigten wir uns nach einer Weile bei ihm.

«Mensch, Papa, sei doch nicht so naiv», sagte er mißbilligend.

144

«Die suchen nach Anhaltspunkten, ob einer abhauen will.» Der Trabi setzte einen Moment lang aus, um besser zuhören zu können. «Und da ist einfach jede Antwort recht, die sie mit ihren drei Hirnwindungen noch fassen.»

Na halleluja, liebe Brüder und Schwestern. Wir waren schwer verblüfft und noch so mit dieser ganz neuen Lebensperspektive beschäftigt, daß wir todesmutig einen Wartburg überholten. Abhauen? ging es uns noch immer durch den Kopf, als wir schon in Prag waren.

«Na die da, zum Beispiel», erklärte uns Willi leise im Biergarten vom U Fleku und deutete mit kurzem Nicken auf eine Gruppe, die drei Tische weiter saß. Mehrere Männer und Frauen diskutierten dort auf sächsisch miteinander, und trotzdem konnte man verstehen, daß es nicht darum ging, wer die nächste Runde zahlte.

«Bahneurouhba», schnappten wir als Wortfetzen auf und auch «Hurrn».

«Begreift ihr?» fragte Willi triumphierend.

«Nicht so richtig, ehrlich gesagt.» Belinda fuhr sich mit beiden Händen durch die Haare.

«Ach Leute», seufzte Willi, «euch kriege ich auch nicht mehr groß. Das erste bedeutet *Paneuropa*», setzte uns Willi auseinander, «und das zweite *Horn*. Und alles zusammen ist so 'ne Initiative vom ungarischen Außenminister, bei der vielleicht die Grenze nach Österreich aufgemacht wird.»

«Vlasska zwölf», wehte es nun aus der Gruppe zu uns herüber, und selbst wir begriffen auf Anhieb, daß dies eine Adresse sein mußte.

«Das wäre die andere Variante», raunte Willi, «die westdeutsche Botschaft drüben auf der Kleinseite. Da steigen sie übern Zaun und hoffen, daß man sie irgendwann ausreisen läßt.»

Uns brummte der Kopf, was beileibe nicht nur von dem schweren Bier kam. Ein tiefes Fernweh hatte unsere Menschen gepackt, das mußten wir erst mal verdauen.

Budapest selbst war eine Überraschung, denn es sah aus wie der kleine Westen. Sämtliche Schaufenster beulten sich auf die Straßen hinaus, weil man sie bis obenhin mit Waren vollgepackt hatte. Die Kaufhäuser hießen zwar ABC-Aruhaz, aber sie führten ein Angebot, das mindestens von A bis Doppel-Z reichte, so vollständig war es. Auf den Dächern flimmerte überall knallbunte Reklame, und auf den Märkten schmissen sie einem nie gesehenes Obst hinterher, das zu Hause höchstens in streng geheimgehaltenen Lehrbüchern über exotische Pflanzen vorkam. In den Musikläden stapelten sich Sachen bis zur Decke, um die man sich bei uns jeden Donnerstag als *Lizenzplatte* prügeln mußte: Pink Floyd, Jethro Tull, Led Zeppelin – alles da. Es war ein Paradies für Fans, nur kamen wir zwanzig Jahre zu spät. Auf den absoluten Wahnsinnsladen stießen wir aber in der Vaci Utca: Dort gab es Bücher von lauter Subversivlingen wie Heinrich Böll, Günter Grass oder George Orwell. Und das auf deutsch! Nach den vertrauten Sprachklängen der anderen Kunden zu urteilen, versorgten die Ungarn von hier aus die gesamte DDR. Da konnten auch wir nicht länger an uns halten und erwarben spontan ein Exemplar von «Farm der Tiere».

Leider verschlang diese Neuanschaffung so ziemlich die Hälfte der Reisekasse, und wir näherten uns unsanft jenem Problem, mit dem man es in Budapest auf Schritt und Tritt zu tun bekam: Die Preise waren von einem anderen Stern, zumindest für Leute wie uns, die nichts als die beliebten *festgelegten Tagessätze* bei sich trugen. Schon deshalb brezelten wir uns lieber jeden Abend auf eine Bank der Margareten-Insel und warteten, bis die Polizei im Streifenwagen vom Tiefschlaf ereilt wurde, damit wir unser Zelt aufbauen konnten. Warm genug war es ja.

Einmal kamen wir dabei auch mit einem ungarischen Pärchen ins Gespräch, falls man unseren Gebärdenaustausch überhaupt so nennen durfte.

«Nemet?» erkundigte sich der Mann, ob wir Deutsche seien.

«Igen», bejahten wir zögernd, denn so was Ähnliches waren wir ja tatsächlich.

«Wäst? Ast?» fragte die Freundin des Mannes daraufhin in gebrochenem Deutsch weiter.

«Ost», gaben wir bekannt, obwohl uns Ast eigentlich auch nicht schlecht gefallen hatte.

Die beiden sagten etwas sehr Kompliziertes auf ungarisch und hoben dabei abwechselnd bedauernd die Hände, als wollten sie uns zu verstehen geben: Gegen so eine Behinderung kann man nun mal nichts machen.

Wir wollten uns schon bei ihnen für ihr Beileid bedanken, als die Frau noch hinzusetzte: «Nemet Ast alles Szopron.» Dann zeigte sie vage Richtung Sonnenuntergang.

«In Szopron auf dem Zeltplatz sammeln sich alle, die rüber nach Österreich wollen», präzisierte Willi ihre Meldung. «Seit ersten August sind die alten Grenzsperrgebiete abgeschafft.»

Kurzzeitig überlegten wir, ob wir nicht auch an dieser Versammlung teilnehmen sollten. Zu Hause im Betrieb gingen sie uns jetzt andauernd mit der Kampfgruppe auf den Nerv. Wer sich eintreten ließ, hatte bis zum Abgang in die ewigen Jagdgründe kein ruhiges Wochenende mehr: Wenn man freitags gerade friedlich die Beine hochlegen wollte, hupte der verdammte Mannschaftswagen vor dem Haus und holte einen zum Geländespiel ab. Das Gemeingefährliche am Imperialismus bestand offensichtlich darin, daß er die Arbeiterklasse am liebsten samstags und sonntags provozierte. Unser Meister Hegewald konnte manch Marschlied davon singen, denn er war schon seit längerem Mitglied in diesem Verein. Okay, ihm nützte es ja auch irgendwie, denn bei dem vielen Robben durch Wald und Heide schabte er sich jedesmal eine Menge Blau von den Knochen. Aber wir hatten mit dem Ding nichts an der Feldmütze. Der Versuch, uns zu einem Kämpfer umzumodeln, war schon in der NVA schiefgegangen.

Trotzdem zog uns irgend etwas genau dorthin zurück, woher der ganze Schlamassel kam: die alten Zeiten, unsere Kumpels, die noch drin saßen, Alfons Zitterbacke aus dem Kinderbuch, der vorbildliche Täve – selbst wenn der jetzt in der Volkskammer schmorte –, von allem ein bißchen. Unsere Forints waren auch fast aufgebraucht, und deshalb beschlossen wir, wieder ganz regulär nach Hause zu fahren.

Es wurde eine Reise gegen den Strom, denn in unsere Richtung bewegte sich kein Lebewesen, das halbwegs bei Trost war. Dafür staute es sich knüppeldick auf der Gegenfahrbahn, und jeder zweite Wagen blitzte uns mit der Lichthupe an. Wir dachten erst, sie wollten uns vor Radarfallen warnen, aber nach einer Weile begriffen wir: Sie glaubten, wir wären irrtümlich auf falschen Kurs geraten und versuchten nun über Kap Hoorn nach Wien zu gelangen.

Als wir die DDR-Grenze erreichten, hätte die Situation nicht eindeutiger sein können. Wir waren die einzigen, die wieder reinwollten.

«Der letzte macht das Licht aus», sagte Belinda mechanisch, während eine Hundertschaft unterbeschäftigter Zöllner zum Sturmangriff auf unseren Mercedes Krenz blies.

«Führen Sie genehmigungspflichtige Druckerzeugnisse bei sich?» fragte der erste gleich ganz atemlos.

Schreck, laß nach! Wir hatten völlig vergessen, unseren kostbarsten Schatz zu verstecken. Die «Farm der Tiere» lag einfach so auf dem Rücksitz und unterhielt sich dort mit einem ganz zum Schluß noch erworbenen Exemplar des «Spiegel» über die aktuelle Weltlage. Aber jetzt war alles zu spät. Wortlos übergaben wir die beiden der Obrigkeit, die sich daraufhin umgehend zu einer Beratung mit ihren Artgenossen zurückzog. Wir überlegten unterdessen, ob sie uns jetzt gleich in die Schließ-Acht legen würden. So hießen die sozialistischen Handschellen. Doch der Filzstift kehrte für seine Verhältnisse ausgesprochen locker zurück und erklärte lapidar: «Den Spiegel müss'mer einziehen.» Zu unserer maßlosen Verblüffung gab er uns dann den Orwell zurück. «Aber das Tierbuch dürfen Sie mitnehm. Gute Weiterreise.»

Wir waren fix und fertig. Und das um so mehr, als wir zu Hause nicht mal zum Lesen kamen. Wir mußten uns immerzu von Bekannten verabschieden: Die einen wollten unbedingt bei diesem Happening in Prag dabeisein, wenn ein gewisser Außengenscher öffentlich seinen bewegendsten Augenblick vorführte, andere fuhren mit der Eisenbahn durch Dresden und sahen zu, wie die Volkspolizei ihr Volk vermöbelte, und wieder andere hatten eine Verabredung mit dem Roten Kreuz in Ungarn, das sie nach Westen verschickte. Außerdem war in diesem Jahr Weihnachten vorverlegt worden: Schon den ganzen Herbst über rannten die Leute mit Kerzen in der Hand auf der Straße rum, und in den Kirchen herrschte ein Gedränge wie am Fleischstand, kurz bevor das Kotelett alle ist. Leider wechselte der Inhalt der Feierlichkeiten andauernd: Mal drehte es sich um das Volk, dann wieder um Demokratie oder die Mauer und die D-Mark. Man mußte sich jeden Morgen erst mal neu orientieren, was denn nun heute wieder begangen wurde.

Und es wurde noch verrückter. Ein paar Tage später holte uns Belinda ins Wohnzimmer, wo gerade die «Aktuelle Kamera» lief. Seit neuestem brachte die sogar richtige Nachrichten, allerdings nun auch schlechte.

«... wird wegen des Verdachts der Untreue im besonders schweren Fall mit internationalem Haftbefehl gesucht», las die Sprecherin so stocksteif vor, daß man ihre Rückenwirbel knarren hörte. Dann wurde ein Foto eingeblendet, auf dem ein gedrungener Herr zu sehen war: Lausi! «Sachdienliche Hinweise ...», versuchte die Vortragskünstlerin weiterzuknarren, aber wir drehten ihr rasch den Saft ab.

«Was hat er denn gemacht?» erkundigten wir uns fassungslos bei Belinda.

«Hab's auch nicht genau verstanden. Irgendwie sind Devisen von einem Konto verschwunden und mit ihnen der Meisterökonom Peschke. Er war bei so einer komischen Firma – Koordinierte Kommerzialisierung, glaube ich.»

Ach du dickes Ei. Wir waren völlig verwirrt und mußten erst mal raus an die frische Luft, um unsere Gedanken zu ordnen.

Auf der Straße blieb uns jedoch gar keine Zeit zum Ordnen, denn wir gerieten gleich vor der Tür in einen Umzug. Gegen Stasi, Nasi und Goreng, für mehr Ecken am Runden Tisch und was man dieser Tage sonst noch alles gern forderte. Wir latschten einfach mit, denn unter unseren Menschen war man ja immer am besten aufgehoben. Aber was bedeutete eigentlich noch *wir*? Unser schönes Kollektiv mußte man ja wohl abschreiben, wenn Freund Lausi jetzt seinen Lebensabend als Leiter eines Dorfkonsums auf den Bahamas verbrachte. Schweren Herzens beschlossen wir deshalb, vom Wir zum Ich zurückzukehren. Na ja, wenigstens war es ein einstimmiger Beschluß.

Der Demonstrationszug geriet derweil ins Stocken, weil vorne auf einem Lastwagen unbedingt jemand zum Volke sprechen mußte. Es war der Vorsitzende eines politischen Vereins, der demnächst gerne gewählt werden wollte – Demokratischer Leistenbruch oder so ähnlich nannte sich der Klub. Für eine Erläuterung seiner politischen Ziele war der Mann zu sehr in Eile, deshalb warf er ersatzweise rote Cola-Büchsen in die Menge. «Wohlstand», rief er dazu. Besonders gut zielen konnte der Kerl übrigens nicht. Ausgerechnet uns, Verzeihung, ausgerechnet *mich* traf er nämlich am Kopf, und nicht lange nachdem ich zwischen den Sternen wieder was erkennen konnte, fiel mir auch ein, woher ich den Burschen kannte.

«He, hallo, Fitzenkötter!» rief ich zu ihm hinauf, denn es war unser alter Meisterschütze aus der Dritten.

«Wohlstand», antwortete er gewohnheitsmäßig.

«Nein, Freilich», versuchte ich richtigzustellen.

«Freiheitlich und Wohlhabend.»

«Bernfried Freilich.»

«In Frieden und Freiheit.»

Ich gab's auf. Der Allerhellste war er noch nie gewesen. Dann kam noch so ein Dicker, der sang ein Lied, danach läuteten die Glocken, ein Feuerwerk folgte, und wir standen ziemlich verloren da. Kein Mensch trug mehr Römerlatschen – wir waren praktisch ohne Schuhe im Niemandsland angekommen.

Das merkten wir ein Jahr später gleich noch mal, als unser Betrieb privatisiert wurde. Die Treuhand hatte nicht geruht, bis sie endlich auch auf einen Interessenten für uns gestoßen war, der den Laden übernahm. Ganz zünftig, für eine Mark, wg. marode und so. Wie sich bald herausstellte, verfügte der hoffnungsvolle

Neueigentümer über Kapital in Höhe von etwa einer weiteren Mark. Die hatte er aber schon in ein Überraschungsei investiert, so daß er uns zu seinem tiefsten Leidwesen nicht mehr retten konnte. Damit wir durch den Anblick stillstehender Maschinen nicht zusätzlich deprimiert wurden, ließ er aus humanitären Gründen in einer stürmischen Novembernacht noch ganz diskret die Einrichtung demontieren. Dann war er weg, und Belinda, Hegewald, die Arbeiter wie auch ich durften von jetzt an Brigadeversammlung auf dem Arbeitsamt spielen.

Reserviert für Personal oder Es hat sich gelohnt

Nachdem ich mich eines Tages wieder mal vergeblich bei der Sachbearbeiterin gemeldet hatte, blieb ich auf dem Nachhauseweg noch kurz vor einer dieser marktschreierischen Reklametafeln für Hirnlosen-Zeitungen stehen.

«Berliner saß sechs Wochen lang tot vorm Fernseher», lautete die Schlagzeile.

«Muß ein sterbenslangweiliges Programm gewesen sein», sagte eine Männerstimme hinter mir. Sie hörte sich mehr als bekannt an, aber ich wagte meinen Ohren nicht zu trauen. Erst als ich mich umgedreht hatte und den Menschen mit eigenen Augen sah, stand es fest: Es war Lausi – Großökonom, Public Enemy Number One und einer meiner bedeutendsten Kumpel. Er trug weder einen Häftlingsanzug mit Bundesadler noch eine Eisenkugel am Fuß. Ja, er machte nicht mal einen übertrieben gehetzten Eindruck. Im Gegenteil, er hatte sogar einen Riesenblumenstrauß in der Hand.

«Schöne Rosen. Sind die für Interpol?» war alles, was mir zur Begrüßung einfiel.

«Ach, das mit dem Haftbefehl meinst du.» Er zog nur kurz einen Mundwinkel hoch. «Schnee von gestern.»

«Du machst aber auch Sachen. Wie bist du denn da wieder rausgekommen?»

«Ganz einfach: Ich war unschuldig. Mein Chef hatte die Devisen verbraten.»

Mir blieb vor Staunen die Spucke weg.

«Na schön», räumte Lausi noch ein, «ich kannte auch die richtigen Leute, die mir geholfen haben, rein rechtsstaatsmäßig. Bayern und Preußen vertragen sich doch besser, als man denkt.»

«Immer noch Vitamin B?»

«Was heißt immer noch. Jetzt fängt's doch erst richtig an. Dafür haben wir ja vierzig Jahre lang geübt.»

«Besonders wir, mit siebenunddreißig», wandte ich ein.

«War mehr bildlich gemeint. Aber eins kannst du mir glauben: Wir sind bestens gerüstet. Jetzt geht zwar alles andersrum, aber sonst läuft es genau wie früher.»

«Unsere Bilanz ist gut», warf ich aus Spaß ein.

«Genau», grinste er. «Voller Zuversicht blicken wir ins Morgen.»

«Die Zukunft ist unser!»

Der Zeitungsverkäufer sah uns an, als wenn er gleich den Hund von der Leine lassen würde. Deshalb setzten wir unsere Kleinstmanifestation lieber im Laufen fort.

«Und was machst du sonst so, ich meine, bis die Zukunft anfängt?» fragte Lausi nach einer Weile.

«Bin in so 'nem großen Freizeitheim.»

«Wo die Animateure immer nicht wissen, was sie mit den vielen Kunden anfangen sollen, kenne ich. Willst du eigentlich noch lange da auf dem Arbeitsamt rumglucken?»

«Weißt du denn was Besseres?» Die Frage klang schon im selben Augenblick blöd, als ich sie ausgesprochen hatte.

«Nu kanjeschno, Tawarisch.» Er roch demonstrativ an seinem Blumenstrauß. «Ich gehe jetzt mit der Kreditsachbearbeiterin meiner Bank essen. Und wenn ich ihr irgendeine müde Mark aus dem Kreuz leiern kann, mache ich mich selbständig. Warte mal ...» Er überlegte kurz. «Willst du nicht mitmachen?»

«Als Farbenberater für blaue Briefe in deiner Kaderabteilung, oder was?»

Lausi schüttelte den Kopf. «Die Kraft des Kollektivs, der historische Weitblick, die Bedürfnisse unserer Menschen – damit wird's was.»

«Hört sich ja an, als ob du einen politischen Baumarkt eröffnen willst: Wir sägen ihnen jede Ideologie paßgerecht.»

«Nicht ganz. Aber du kannst ja noch ein bißchen überlegen.» Mit dem unverkennbaren Schwung einer dynamischen Persönlichkeit schlug er seinen Terminkalender auf. «Wir setzen unsere Beratung heute in einer Woche fort, Kollege. Und bis dahin bekommst du noch einen Pionierauftrag ...»

«Ich weiß schon, Dorle und Sputnik finden.»

«Richtig. Und nicht vergessen: Wenn Stürme auch toben, wo wir sind, ist oben.» Er gab mir einen ermunternden Klaps auf die Schulter und verschwand um die nächste Ecke.

Die anderen beiden Mitglieder unseres Kollektivs fand ich in den nächsten Tagen schneller als gedacht. Sie gehörten nämlich auch zum Fachverband entwurzelter Werktätiger und begegneten mir im Wartesaal des Amtes für Langeweile.

Dorles Orchester war einem großen Streichkonzert zum Opfer gefallen. Sie hatten alle noch einen Hungerstreik aufgeführt, außer einer schlanken Linie war aber nichts dabei herausgekommen.

Bei Sputnik konnte man fast den Eindruck gewinnen, er sollte auf Zirkuslöwe umgeschult werden. Nachdem seine Akademie abgewickelt worden war, hatten sie ihn in lauter merkwürdige Programme gesteckt, die «WIP» oder «HEP» hießen. Das hörte sich an wie die Aufforderung, durch einen brennenden Reifen zu springen, aber in Wirklichkeit sollten damit wohl herrenlose Wissenschaftler an Unis integriert werden. Die Unis produzierten jedoch schon selbst jede Menge herrenlose Wissenschaftler und konnten ihn deshalb nicht gebrauchen.

Für Lausis Unternehmenspläne hatten also alle genügend Muße, und am vereinbarten Tag standen wir bereit wie ein Mann. Also mal abgesehen davon, daß Dorle eine Frau war.

«Liebe Jugendfreunde», begrüßte uns Lausi etwas mehrdeutig, «wir haben wieder mal hochgesteckte Ziele.»

«Wie immer», warf Sputnik ein und kratzte sich seinen grauen Gelehrtenbart.

«Worum geht's hier eigentlich?» erkundigte sich Dorle.

«Eine berechtigte Frage, teure Kollegin.» Lausi hob lobend einen Zeigefinger. «Ihr wißt ja, daß es ein paar Dinge gibt, die nicht von früher belastet sind und die in allen Systemen gebraucht werden.»

«Klar», pflichtete ich ihm bei, «das Alphabet, der Hosenschlitz und witterungsbeständige Grabsteine.»

«Ja», meinte Lausi, «schon recht schön für den Anfang. Aber der gesellschaftliche Wiedererkennungswert ist mir dabei noch zu niedrig. Und es muß natürlich etwas sein, über das wir alle Bescheid wissen.»

«Hinter dem wir als Erzeugnis stehen», ergänzte Dorle, die wohl begriff, worauf er hinauswollte.

«Aaach», sagte da auch Sputnik, «du meinst ...»

«... den Goldbroiler!» vollendete ich seinen Gedanken. «Unser Leitbild.»

«Bravo, das war schneller geschaltet als der Ein-Megabit-Chip. Wenn unsere Menschen sonst schon nichts haben, woran sie sich wärmen können, packen wir ihnen wenigstens etwas Heißes auf den Teller, das sie von früher kennen.»

«Wir decken den Tisch unserer Heimat, der Bundesrepublik.» Dorle machte eine elegante Handbewegung wie einst der Fischkoch in «Tausend Tele Tips», wenn er *Säubern, säuern, salzen* sagte.

«Aber wo und wie denn?» Sputnik konnte seine akademische Laufbahn wirklich nicht verleugnen; er wollte selbst bei Imbißfragen wissen, was die Welt im Innersten zusammenhält.

«Alles schon geregelt.» Lausi zog ein Papier aus der Jacketttasche. «Anschubfinanzierung über ERP-Kredit, und das hier ist ein Mietvertrag: Freßwürfel im Plattenbaugebiet – für unsere Zwecke allererste Sahne. Wir fahren gleich mal hin.»

Eine Stunde später standen wir in dem Objekt seiner Sehn-
sucht, aber es sah mehr nach saurer Sahne aus. Die ehemalige
Wohngebietsgaststätte mußte mit der Wiedervereinigung schlagartig im laufenden Betrieb evakuiert worden sein. In der Küche
klebten mehrere tiefschwarze Klumpen in einem Topf, die man
nur noch mit dem Aufdruck *Rekord* versehen mußte, um sie als
Briketts zu verkaufen. An den Fenstern pappten Gardinen mit
einem riesigen Blumenmuster, und auf den Tischen fanden sich
sogar noch Originalreste der gefürchteten Einheitssoße aus dem
RGW-Pipelinesystem.

«Meine Güte, das ist ja schauderhaft», entfuhr es Dorle.

«Im Gegenteil: Es ist wunderbar», widersprach ihr Lausi.
«Alekto-Besteck, Plasteteller mit drei Fächern, Rohrstühle – alles
noch genau wie früher. Das wird *der* Brüller. Wir müssen nur ein
bißchen saubermachen.»

Das bißchen Saubermachen beschäftigte uns drei Wochen
lang, aber dann war es soweit. Wir konnten eröffnen. Es blieb nur
noch die Frage, wie wir unser aufstrebendes Unternehmen nennen sollten. Sputnik hatte *Interbroiler* vorgeschlagen, doch nach
einer schöpferischen Aussprache einigten wir uns auf *Broilerstütz-
punkt «Frohe Zukunft»*. Schließlich wollten wir ja, daß die Menschen außer dem Bauch auch den Kopf voll hatten, wenn sie uns
wieder verließen.

Damit nun der Andrang nicht gleich allzu heftig wurde, hatten
wir direkt hinter dem Eingang das alte Schild wieder aufgestellt,
«Bitte warten. Sie werden plaziert.» So gewannen wir erst mal etwas Zeit für Pausen, und das paßte nicht schlecht zum Stil unseres
Hauses.

Kinder, es war fast wie damals in der Gockelbar! Dorle nahm
vor der Durchreiche die Bestellungen auf, Lausi bediente den
Grill, Sputnik stellte die Portionen zusammen, und ich hantierte
an den Spülbecken herum. Wir hatten ganz schön zu tun, denn
besonders unser Standardmodell ging gut weg. Es hieß GB 90,
wobei die Buchstaben einfach für Goldbroiler standen und die
Zahlen an das Jahr der Wiedervereinigung erinnerten. Seitdem

gehörte der Broiler ja allen, und wenn man es recht bedachte, war er der wahre Sieger der Geschichte.

Außer dem GB 90 führten wir noch den Typ Engpaß – das war eine halbe Portion. Und für den besonders großen Hunger hielten wir das Modell Gegenplan bereit, dafür hatte Lausi extra die schwersten Hähnchen aussortiert.

Aber egal, welche Sorte – am schönsten war, daß wir wieder mal ein Bedürfnis der Gesellschaft befriedigten. Auch wenn es die Gesellschaft nicht immer klar ausdrücken konnte. Eines Tages stand nämlich ein Mensch auf der Matte, der nichts weiter sagte als: «Ich hätte gern ein ... äh ... Dingsbums.»

«Ein Bier aus der Gestattungsproduktion?» versuchte Dorle seinen Wunsch zu erraten.

«Nein, nein, von dem da.» Er zeigte auf eine Glasschale mit blauem Gelee.

«Ach, von unserem Pionierpudding.»

«Richtig», atmete er erleichtert auf, und die Nähte an seinem viel zu engen Hemd krachten.

Dorle stutzte und besah ihn sich genauer. «Manne?» fragte sie schließlich.

Ihr Gegenüber zog einen Zettel aus der Hosentasche, überflog ihn kurz und nickte dann.

«Das gibt's ja nicht.» Dorle war völlig von den Socken. «Leute», rief sie zu uns nach hinten, «kommt mal raus, wer hier ist.»

Wir hasteten so eilig an die Theke, wie es dem Blutdruck in unserem fortgeschrittenen Alter gerade noch zuzumuten war.

«Ja, das ist er doch», sagte Sputnik, als wir den seltsamen Kunden mit eigenen Augen sahen.

«Wer?» fragte Manne und erbrachte damit den endgültigen Beweis.

«Manfred, unser alter Pilei», freute sich auch Lausi. «Wartet mal, darauf müssen wir anstoßen, und ich weiß auch schon, womit.» Er verschwand einen Augenblick lang hinter den Kulissen und tauchte dann mit einer völlig verstaubten Flasche wieder auf.

«Säbeltanz», sagte er begeistert. «Ein Rotwein aus den Volksdemo-kratien.»

«Nur echt ohne Jahrgang, Rebsorte und Lagebezeichnung.» Dorle schüttelte sich schon bei dem Gedanken, dieses Lösungs-mittel der Gefahrenklasse drei in sich hineinzugießen. Aber es half ihr nichts. Sie mußte sich mit uns an einen der vielen Tische set-zen, auf die wir vorausschauend Schilder gestellt hatten: *Reserviert für Personal*. Dort erhoben wir alle mit Manne das Glas.

«Schmeckt ja wie Mückentötolin», hustete Sputnik gleich nach dem ersten Schluck.

«Sag mal», fragte ich Manne, «was machst du denn jetzt eigent-lich? Als Pionierleiter konntest du doch nicht einfach Lehrer im öffentlichen Dienst werden.»

«Ähm, Pionierleiter?»

«Na damals, in der DDR.»

«Kenne ich nicht», war sich Manne sicher. «Ich bin bei der ... Talberger Gesellschaft.»

«Alzheimer», korrigierte ihn Sputnik.

«Oder so», räumte Manne ein, «wie alle meine Kollegen hier.» Erst jetzt bemerkten wir, daß sich hinter seinem Stuhl allmählich eine Schlange geduldig wartender Kunden gebildet hatte. «Übri-gens vermisse ich bei euch was.» Manne umschrieb den Speisesaal mit einer ausladenden Geste. «Ihr habt keine Wandzeitung ...»

«... keine aktuellen Produktionskennziffern ...», ergänzte ein nervöser Mann aus der Reihe hinter Manne. Er trug einen Prä-sent-20-Anzug und blinzelte so schrecklich, daß uns sofort allen die Augen tränten.

«Ist das nicht ...?» hob Lausi an, aber ihm wurde das Wort ab-geschnitten.

«... keine Selbstverpflichtung, nichwahr ...», knallte die zak-kige Stimme eines anderen Mannes dazwischen, der gleichzeitig einen langen Text auf eine Karteikarte schrieb.

«... man müßte sie mal richtig rundmachen hier!!!» brüllte ein Dritter so irrsinnig laut, daß vor Schreck unsere alte *Secura-Kasse* aufsprang.

Die ganze restliche Horde schien nur auf dieses Stichwort gewartet zu haben, denn sie fing jetzt an, völlig verrückt zu spielen: Eine Frau aus Gummi schlug unablässig Purzelbäume, während ein tonnenförmiger Hutständer neben ihr einförmig schnarrte: «Stopp, Kontrolle.» Dazu schwamm leise eine tiefblaue Qualle durch den Saal, und ächzend fiel ein Baumstamm genau auf einen staubigen Aktenstapel. Gleich daneben versuchte ein Mann mit drei Beinen in drei verschiedene Richtungen zu laufen, und das Rumpelmännchen weinte zum Steinerweichen, weil es nicht von Bärbel Wachholz mit einem Los der Aufbau-Tombola gegen den Fortschritt geimpft werden wollte.

Dorle überlegte, ob sie die Polizei anrufen sollte, aber so was Ähnliches war längst da, denn der tapfere Soldat Ludwig las uns jetzt ein Flaschenetikett vor: «Vierzig bis sechzig Prozent – das ist völlig korrekt, Fans.» Hinten in der Küche öffneten die Broiler den Grill, flatterten über die Verkaufstheke hinweg zu uns und fingen an zu singen: «In den düsteren Jahren haben wir es erfahren: Arm war das Leben, wir aber geben Hoffnung der müden Welt.»

Kaum war ihr Lied verklungen, da erhob sich ein allgemeines Raunen, das sich schnell zum Sprechchor steigerte: «Eine Losung – eine Losung», verlangten die Massen, und wir überlegten fieberhaft, womit wir sie zufriedenstellen konnten.

«Stadt und Land – Hand in Hand», versuchte es Dorle als erste.

«Mehr – mehr», tönte es aus dem Volk.

«Ohne Gott und Sonnenschein bringen wir die Ernte ein», schob Sputnik nach.

«Weiter – weiter!»

«In der Grube, auf dem Bau – schaffen wir das Weltniwau», heizte Lausi mit seinem Beitrag die gute Laune weiter an.

Da wollte auch ich mich nicht ausschließen und setzte noch einen drauf: «Jede Kuh in unserm Stall bringt die Kriegshetzer zu Fall!» Die Stimmung steigerte sich zur Ekstase, und die Freude kannte keine Grenzen mehr.

Erst nach zehn Minuten gelang es Dorle, jene Frage einzuwerfen, mit der sie den Trubel schlagartig zum Abbruch brachte: «Seht ihr hier eigentlich auch, was ich die ganze Zeit sehe?»

Auf Zehenspitzen verschwanden die Broiler wieder im Grill, und all die anderen Gestalten lösten sich in Bratendunst auf.

«Ja», antwortete Sputnik. «Unser Leben.»

«Und wie man erkennt», fügte Lausi hinzu, «waren wir bestens dafür gerüstet.»

«Es hat sich gelohnt», pflichtete ich meinen Freunden bei, und im Saal gab es einen Nachhall, der den letzten Ton noch lange in der Luft stehenließ. Es war ein tiefes O.